日本近代对外战争决策中的情报保障研究

张光新 ◎ 著

Research on Intelligence Support in Japan's Modern Foreign War Decision

时事出版社
北京

图书在版编目（CIP）数据

日本近代对外战争决策中的情报保障研究/张光新著. —北京：时事出版社，2018.11
ISBN 978-7-5195-0251-5

Ⅰ.①日… Ⅱ.①张… Ⅲ.①侵略战争—军事情报—战争史—日本—近代 Ⅳ.①E313.416

中国版本图书馆 CIP 数据核字（2018）第 212140 号

出 版 发 行：	时事出版社
地　　　　址：	北京市海淀区万寿寺甲 2 号
邮　　　　编：	100081
发 行 热 线：	（010）88547590　88547591
读者服务部：	（010）88547595
传　　　　真：	（010）88547592
电 子 邮 箱：	shishichubanshe@sina.com
网　　　　址：	www.shishishe.com
印　　　　刷：	北京朝阳印刷厂有限责任公司

开本：787×1092　1/16　印张：12.5　字数：170 千字
2018 年 11 月第 1 版　2018 年 11 月第 1 次印刷
定价：80.00 元
（如有印装质量问题，请与本社发行部联系调换）

目　　录

引言 ·· (1)

第一章　日本近代对外战争决策中的情报保障 ············ (22)
 第一节　甲午战争决策中的情报保障 ···················· (23)
  一、甲午战争前日本对战略环境的判断 ·············· (24)
  二、国家战略目标：侵略朝鲜，推进大陆政策 ······ (29)
  三、系统化、组织化情报工作帮助日本定下战争
    决心 ·· (30)
 第二节　日俄战争决策中的情报保障 ···················· (35)
  一、日俄战争前日本对战略环境的判断 ·············· (36)
  二、国家战略目标：控制中国东北和朝鲜半岛，确立
    远东霸权 ··· (40)
  三、情报辅助战争决策的功能得以充分和有效发挥 ···· (40)
 第三节　侵华战争决策中的情报保障 ···················· (45)
  一、侵华战争前日本对战略环境的判断 ·············· (46)
  二、国家战略目标：先占领"满洲"，进而占领全中国 ··· (48)
  三、情报搜集工作周密隐蔽，情报分析能力有所欠缺 ···· (49)
 第四节　太平洋战争决策中的情报保障 ·················· (53)
  一、太平洋战争前日本对战略环境的判断 ············ (53)
  二、国家战略目标：取得东南亚地区主导权，建立
    "大东亚共荣圈" ·· (56)
  三、战场情报保障有力，战略情报分析出现失误 ···· (58)
 小结 ·· (62)

· 1 ·

第二章　日本近代对外战争决策中情报保障的特点 …………（64）
第一节　战略情报与战役、战术情报保障效果迥异…………（64）
　　一、战役、战术情报保障有力，情报卓有成效…………（65）
　　二、战略情报保障能力不足，情报成败参半…………（66）
第二节　情报搜集与情报分析资源分配不均衡…………（68）
　　一、情报搜集内容丰富、主体多样…………（69）
　　二、情报分析不足以支持侵华和太平洋战争决策…………（70）
第三节　人力情报在众多情报手段中占据重要地位…………（77）
　　一、人力情报是日本获取情报的主要手段…………（77）
　　二、技术情报能力较之华、俄居于优势，较之美、
　　　　英居于劣势…………（83）
第四节　情报意识强烈，重视全民情报…………（86）
　　一、国民情报意识强烈…………（86）
　　二、官民结合，重视全民情报搜集…………（88）
第五节　重视谋略活动…………（89）
　　一、谋略活动在日本对外侵略过程中作用重大，地位
　　　　突出…………（90）
　　二、谋略活动形式多样，历史经验丰富且手段专业…………（91）
　　三、谋略活动以达成目标为指向，不择手段…………（93）
　　小结…………（96）

第三章　日本近代对外战争决策中情报保障的主要
　　　　　影响因素…………（98）
第一节　影响战争决策中情报保障的积极因素…………（99）
　　一、军事斗争客观需要情报…………（99）
　　二、经济发展和科技进步为情报能力的跃升提供了
　　　　物质基础…………（100）
　　三、积极进取的情报文化是情报工作发展的间接动力…（101）

四、决策者对情报的需求与重视是情报工作发展的
　　　　直接动力 ………………………………………………（103）
　　五、对手情报意识薄弱为日本情报工作取得成功提供
　　　　外部条件 ………………………………………………（105）
　第二节　影响战争决策中情报保障的消极因素 ……………（106）
　　一、情报保障机制不完善，情报工作缺乏统一指导 ……（107）
　　二、情报机构地位低下 …………………………………（109）
　　三、日本民族文化与宗教信仰中存在限制情报工作
　　　　开展的因素 ……………………………………………（110）
　　四、决策者轻视情报影响情报效能发挥 ………………（114）
　　五、僵化低效的决策机制不能有效利用情报 …………（120）
　小结 …………………………………………………………（121）

第四章　日本近代对外战争决策中情报保障的成败评析 …（123）
　第一节　高效情报为战争决策提供有力支撑 ………………（123）
　　一、以情报为基础能够客观判断国际战略形势 …………（124）
　　二、以情报为根本能够准确进行敌我力量对比 …………（125）
　　三、以情报为依托能够合理设定战略目标 ……………（128）
　　四、以情报为支撑能够有针对性地确立战略方针 ……（129）
　　五、以情报为保证能够为发动战争选定合适战略时机 …（132）
　第二节　情报失误限制了情报功能的发挥 …………………（135）
　　一、情报搜集失误使日本难以客观评价己方与彼方 …（135）
　　二、情报分析失误使得日本难以准确把握形势和确立
　　　　战略目标 ………………………………………………（137）
　　三、情报使用失误使日本对战争走向研判日益陷入
　　　　思维定势 ………………………………………………（139）
　第三节　对日本情报与决策关系的评价 ……………………（140）
　　一、情报是实现正确决策的基础 ………………………（141）
　　二、战略情报分析能力不足导致决策出现诸多问题 ……（142）

三、优质情报不一定带来正确决策 …………………………（143）
　　四、情报对战争决策的辅助作用在日俄战争时期
　　　　到达顶点 ……………………………………………………（145）
　小结 …………………………………………………………………（146）

第五章　对做好战争决策中情报保障的思考 ……………………（149）
　第一节　发挥战略情报在战争决策中的基础性作用 ………（149）
　　一、增强战略情报对于战争决策重要性的认知 …………（150）
　　二、扩充战略情报内涵 ………………………………………（152）
　　三、战略情报工作勿论平时战时 ……………………………（153）
　　四、突出预警情报在战略情报中的核心地位 ……………（154）
　　五、构建一体化战略情报体制 ………………………………（156）
　第二节　形成情报与决策良性互动 ……………………………（157）
　　一、认识情报与决策良性互动的重要性 …………………（158）
　　二、明确决策者在二者关系中的主导作用 ………………（160）
　　三、情报机构须主动作为并获得决策者的理解与信任 …（161）
　第三节　认识战争决策中情报保障的局限性 ………………（164）
　　一、情报失误不是决策失误的唯一原因 …………………（165）
　　二、情报分析是战略情报保障的关键 ……………………（168）
　　三、情报谋略必须与政治谋略紧密配合 …………………（169）
　小结 …………………………………………………………………（171）

结语 ………………………………………………………………………（173）

参考文献 …………………………………………………………………（180）

后记 ………………………………………………………………………（192）

引　言

一

　　日本是世界上开展情报活动较早的国家之一，最早可以追溯到16世纪，那时日本列岛上的情报活动就已经相当活跃。[①] 丰臣秀吉在统一日本列岛的过程中曾大规模使用间谍，他在全岛建立了一个完备的间谍网，以此掌握各地动向。丰臣秀吉善于"用间"，这使他获得了"间谍大师"的称号。到德川幕府时期，日本已建立起一支庞大的情报队伍。1868年，日本开始了一场以"王政复古"为名的革新运动，史称"明治维新"，统治日本268年之久的德川幕府被推翻，天皇重新掌握了国家的一切权力，日本进入了资本主义发展时期。新兴的日本对内大兴变革，对外大肆扩张，情报工作也相应地进入一个大发展时期。到日俄战争时期，日本的情报触角已经深入到世界各个大国。日本情报工作极富特色，它非常重视利用黑龙会、同文书院等民间机构和留学生、商人等民间人士到他国搜集情报，

[①] 1868年明治政府成立后，日本曾使用过"日本""大日本""日本帝国"和"大日本帝国"等名称。"大日本帝国"是1889年《大日本帝国宪法》颁布实施到1945年日本投降之间日本使用的国号，但是直到1936年，日本才将国号正式统一为"大日本帝国"。1947年，在盟军统治下的日本颁布了新的《日本国宪法》即"和平宪法"后，日本官方不再以此为正式国号。为了行文方便与前后一致，本书统一使用"日本"这一称谓。"大日本帝国"除了用来称呼《大日本帝国宪法》施行下的日本，更多的情况是被用来指从1868年明治维新到1945年战败投降期间，日本对内实行现代化、对外实施扩张政策的历史时期。

因此享有"全民情报国家"的称号。英国情报史学家理查德·迪肯①曾经指出：为了实现本民族利益，日本获取情报的意愿比世界上其他国家强烈得多。

战争既是国家政策的继续，又是执行国家政策的手段。近代以来，大陆政策成为日本国家发展战略的核心，对外侵略扩张为日本资本主义快速发展打下基础。日本先是在1894年对中国发动了甲午战争，打败中国北洋舰队并攫取大量利益。又在1904年为争夺中国东北和朝鲜发动了日俄战争。通过发动这两场战争，日本摆脱了经济危机，稳定了国内形势，陆海军也都积累了大规模作战经验。1931年，日本制造了"九一八"事变②，关东军占领了中国东北；1937年，日本又制造了"七七"事变③，开始全面侵华。1941年，日本推行"南进"战略，偷袭珍珠港，对美、英等国开战，发动了太平洋战争。随着日本不断发动战争，其侵略扩张的本性也不断暴露。在日本近代化过程中，情报扮演了重要角色，对日本快速崛起为资本主义强国发挥了不可估量的作用。在日本历次对外战争中，情报机构都充当了先头部队。甲午战争前，日本间谍获取了大量有关中国、俄国和朝鲜的有价值的信息，为日本决定发动战争、制定战略目标和作战计划提供了重要参考。此后，情报优势确保日本打赢日俄战争，确立东亚霸主地位。同时，情报失误与日本在侵华战争和太平洋战争中一败涂地也有着密不可分的联系。

二战结束后，在美国的庇护下，日本迅速崛起为亚洲首屈一指的经济大国。但是，从20世纪80年代末开始，日本经济始终萎靡

---

① 理查德·迪肯本人曾经是情报人员，脱离情报界后，以职业作家身份开始谍报史的独立写作。主要作品有《英国谍报史》《俄国谍报史》《中国谍报史》《以色列谍报史》《无声的战争：西方海军谍报史》和《日谍秘史》等。

② 中国又称"柳条湖事变""沈阳事变"，欧美一般多称"奉天事变"或者"盛京事变"（Mukden Incident），日本称之为"满洲事变"。

③ 又称"卢沟桥事变"。

不振，国内保守化倾向严重，整个国家弥漫着沉重的危机感，社会求变意识强烈。因此，日本拼命想要挣脱历史束缚，摆脱战后秩序，从经济大国走向军事大国和政治大国，实现所谓"普通国家化"。中国自改革开放以来，经济取得快速发展，国力逐渐强大，国际地位不断提高，在亚洲乃至全世界有着越来越大的影响力。中日两国在经贸、文化、体育等领域的合作交往非常密切，但在政治和外交方面却是摩擦不断，两国关系时冷时热，时好时坏。进入21世纪以来，日本政治右倾化趋势日渐明显。参拜靖国神社、美化侵略战争、推动修改"和平宪法"和将自卫队升格为国防军等挑战战后秩序、伤害中国人民感情、影响两国关系的事情不断出现。2012年日本野田政府"国有化"中国领土钓鱼岛事件发生后，在钓鱼岛附近巡逻宣示主权的中日双方执法船剑拔弩张，互不相让。2013年日本首相安倍晋三参拜靖国神社事件发生后，中日关系跌落至有史以来的最低点。

为摆脱经济低迷，保持世界霸主地位，奥巴马政府时期，美国高调重返亚洲并实施"亚洲再平衡"战略，这使得亚洲的安全环境变得更加复杂。为了阻断中国经济快速发展和中华民族伟大复兴的历史进程，美国加紧拉拢和中国有领土争议的周边国家，包围并遏制中国。安倍晋三上台以来，公然否认历史、参拜战犯、在历史问题上百般诡辩、甚至为军国主义招魂。日本倚仗有日美同盟做后盾，有美国撑腰，在中日之间存在争议的问题上态度强硬，不承认中国领土钓鱼岛的主权归属存在争议。得道多助，失道寡助，日本视国际公义如无物、置历史事实于不顾的做法受到全世界人民的谴责。

情报对一个国家的安全与发展具有重要意义，无论是和平时期还是战争年代，无论是制定国家战略还是指挥作战都离不开情报。情报是进行战略决策和指挥作战的基础。情报工作的好坏将很大程度影响一个国家能否维护和实现自己的国家利益。日本是情报大国，曾经凭借精湛的情报技艺闻名于世，但后来出现了一系列失误。日本情报工作失误的原因很多，并不能解释所有的决策失误。日本情报工作中的成功或失误都恰恰反映出情报工作的基本规律和情报自身的属性。

通过对日本对外战争决策中的情报保障进行分析，不仅能够帮助我们发现日本极富个性的情报保障特点，同时还有利于我们总结情报在保障决策过程中可能出现的问题，有助于深化我们对于情报工作客观规律的理解。长期以来，日本把中国作为假想敌，中国也一直是其情报搜集的重点对象。日本过去有侵略成性的不光彩历史，如今日本列岛上不断传出谋求政治和军事大国的时代噪音。了解日本历史上如何认识情报，如何发挥情报效能，如何使用情报进行战略决策，总结其经验教训，会让我们对这个充满野心的近邻有更清楚的认识，对我国因应东海领土主权争端、处理两国关系具有重大现实意义。从情报理论研究的角度出发，情报与决策关系研究在情报理论研究中占据重要地位，情报与决策关系问题是情报工作首先面临的问题，能否处理好二者关系直接影响情报机构效率的发挥。在世界战争史上，战略决策失误的案例曾屡屡出现，这说明情报保障工作是必需的，但高效的情报保障与正确的战略决策二者之间并不存在逻辑上的正比关系，也正因为此，分析情报保障对决策的影响才更加有意义。从情报学角度看，本课题还涉及情报功能、情报机制、情报文化等，可以丰富和深化情报学基础理论和应用理论的相关研究。

历史上日本曾经给中国人民带来的苦难值得深思，日本如何赢得战争的历史经验值得借鉴，但类似的历史悲剧绝不能重演。中国作为一个爱好和平的发展中国家，既要努力同他国建立良好的外交关系，也要警惕他国别有用心的政治家为了一己私利，利用我们维护和平发展大局的美好心愿，不惜采用各种手段实现其个人政治企图。因此，笔者拟以日本为对象，以"日本近代对外战争决策中的情报保障研究"为题，通过深入考察日本近代对外发动的四次战争——甲午战争①、日俄战争、侵华战争②、太平洋战争中日本战略决策中情报保障的具体史实，比较日本在不同历史时期对于情报保障作用的不同认识，探寻日本战略决策中情报保障的特点和影响因素，发现在决策者进行战略决策时情报发挥作用的一般性规律。

二

与本课题相关的研究成果主要体现在三个方面：一是情报理论中的情报与决策关系研究；二是战略决策、情报工作相关研究；三是日本情报史研究。

（一）关于情报与决策关系研究

情报与决策关系研究中，美国成果最为丰富。美国对该问题的研究兴起于二战之后，"中央情报局之父"威廉·杜诺万最早提出了情报与政策关系的问题。该问题以其重要性和辩证性吸引了大批专家学者进行研究，按照观点不同分为传统派和激进派。③ 美国"战略情报之父"谢尔曼·肯特是传统派的领军人物。他在《为美国世界

---

① 本书中所使用"甲午战争"提法，是依照中国传统，以战争爆发当年的干支纪年为准，战争爆发的1894年为甲午年，故称"甲午战争"；日本将该战争命名为"明治二十七八年战役"或"日清战争"；欧美各国将之命名为"First Sino-Japanese War"，中文翻译为"第一次中日战争"。

② 本书中所使用"侵华战争"特指20世纪30—40年代，日本发起的以侵略中国为目标的民族性战争。国际上，出于中立性的考虑，一般将这场战争称作"第二次中日战争"。日本自20世纪20年代就制定了武力侵略中国东北的政策，根据二战后远东国际军事法庭审判的结果，日本侵略中国的肇始应从1928年6月的"皇姑屯事件"起算。本书由于研究实际需要并结合中国国内对于抗日战争的传统认识，将侵华战争的时间设定为：以1931年"九一八"事变日本侵占中国东北为起点，经1937年"七七"事变日本展开全面侵华，到1945年9月2日日本在无条件投降书上签字为止的历史时期。

③ 1949年，情报与决策的关系问题引发美国情报界大辩论，产生了意见相左的传统派和激进派。传统派认为情报要与决策保持距离以保证情报客观性，激进派恰恰相反，认为情报应紧跟决策以加强情报相关性。

政策服务的战略情报》[1] 一书中对该问题进行了理论分析，提出同时维护情报客观性与相关性的观点。耶鲁大学教授威尔摩尔·肯达尔是激进派的代表人物。[2] 在《情报的功能》一文中，他对肯特的观点表示质疑并提出反论，他反对肯特的情报既要与政策保持相关性又要保持客观性、情报既要紧跟决策又要保持一定距离的模糊观点，认为情报就应该紧跟决策，积极保障并影响决策，情报分析人员应该像决策人员一样，自己对情况进行分析并提出政策建议。亨利·豪·兰瑟姆著《中央情报工作与国家安全》[3]，以中央情报局的职权范围和组织沿革为导引，分析了其对美国决策者的影响以及日益扩大的权力。他认为应该仔细处理情报与决策的关系以确保政策及时有效，加强情报相关性的同时也要保证情报的客观性。只有情报积极参与决策才可能出台好的政策，这里的情报必须客观可信，否则基于该情报的决策也必然失败。斯蒂芬·辛巴拉著《情报以及民主社会中的情报政策》[4]，详细分析了情报在决策时所应扮演的角色。罗杰·希尔斯曼著《战略情报与国家决策》[5]，通过分析当代的美国情报理论，说明了情报和行动之间的关系。杰克·戴维斯[6]的论文《肯特与肯达尔在1949年的辩论》[7] 和《改善中情局分析工作：分

---

[1] Sherman Kent, Strategic Intelligence for American World Policy, Princeton: Princeton University Press, 1949.

[2] 支持肯达尔的多为思想激进的情报分析员和驻外负责具体行动的特工，他们认为肯达尔对于情报的理解更能满足决策者的需要。威廉·科尔比认为，情报与决策保持密切联系非但不会损害情报分析的客观性，反而可以避免情报与决策脱节，情报更好地保障决策。

[3] Harry Howe Ransom, Central Intelligence and National Security, Harvard University Press, 1958.

[4] Stephen. J. Cimbala, Intelligence and Intelligence Policy in a Democratic Society. Dobbs Ferry. Transnational Publishers, INC, 1987.

[5] Roger Hilsman, Strategic Intelligence and National Decisions, Glencoe, The Free Press, 1956.

[6] 杰克·戴维斯是美国情报与政策关系研究领域的一位重要人物。他是美国中央情报局谢尔曼·肯特情报分析中心的资深专家，经常在中央情报局情报研究中心出版的《情报研究》期刊上发表文章。

[7] Jack Davis, The Kent-Kendal Debate of 1949, Studies in Intelligence. Vol. 36, No. 5, 1992.

析与决策过程》，对情报与政策关系进行了剖析，对美国情报界[①]保守派和激进派的两位代表进行了对比。激进派代表人物还有美国中情局原局长罗伯特·盖茨和詹姆斯·P. 汉拉汉。他们虽然被划分到激进派，但都强调情报适当保持客观性的重要性。罗伯特·盖茨在《警惕政治化》[②]一文中，对情报政治化的原因进行了详细分析并提出了预防性措施。詹姆斯·P. 汉拉汉在《为决策者服务的情报》[③] 一文中大力强调情报紧跟决策的重要性，介绍了加强情报相关性的具体措施，强调情报工作者必须积极主动地开展工作以保持情报的相关性。[④] 迈克尔·汉德尔主编的《领袖与情报》，分析了导致决策者忽视情报的因素，描述了不同时期领导人看待和使用情报的差别，并就情报界应该如何发展与情报用户特别是决策层的关系提出建议。

日本是战败国，战后其情报机构被大幅裁撤。由于战时日本情报机构劣迹斑斑，战后情报的相关研究集中在分析日本太平洋战争的战败原因、反思战争过程中出现的情报失误等方面，情报理论方面的专门研究成果寥寥。主要有杉田一次著《缺乏情报的战争指导——大本营情报参谋的回想》[⑤]，从情报的角度，对从"满洲事变"到太平洋战争这一时期的战争过程进行了回想，指出日军在战争中暴露出主观主义和骄傲自大的倾向。原日本陆上自卫

---

① 情报界（US Intelligence Community）：根据美国前总统里根在1981年12月4日签署的规范美国情报活动的第12333号行政命令，情报界包括中央情报局、国家安全局、国防情报局、国家侦察办公室、国务院情报研究局以及武装部队、联邦调查局、财政部、能源部的情报机构。情报界只是涵盖了美国主要的对外情报机构，并非全部有情报业务的单位。

② Robert M. Gates, Guarding Against Politicization, Studies in Intelligence, Vol. 36, No. 5, 1992.

③ James P. Hanrahan, Intelligence for the Policy Chief, Studies in Intelligence, Vol. 11, No. 1, Winter 1967.

④ 詹姆斯·P. 汉拉汉提出的许多关于改善情报与决策者关系的建议后来都被美国情报界采纳，他的研究不仅丰富了美国情报与决策关系的理论研究，更从实践意义上提升了情报对政策的支持作用。

⑤ 杉田一次『情報なき戦争指導——大本営情報参謀の回想』、原書房、1987年

队幕僚监部情报参谋松村劲著《帮助决策的作战情报理论》[1]，认为情报活动是一项"智力斗争"，强调情报活动的关键不是搜集而是分析。

相比美国关于情报与决策的论著如此之多，中国国内相关研究成果并不多。在中国，军事情报学暂时还是一门新兴学科，军事情报理论研究尚处于初始阶段。国内论著主要有张晓军著《美国军事情报理论研究》和《美国军事情报理论著作评介》，这两部是国内较早介绍美国情报工作的著作。张长军著《美国情报失误研究》，介绍了情报失误产生的原因，提出了导致情报使用失误的决策者的责任，对于分析战争决策中的情报使用失误有着借鉴意义。高金虎著《美国战略情报与决策体制研究》一书中第六章分析了影响战略情报与战略决策关系的主要因素，并提出了改善情报与决策关系的方法。刘强著《情报工作与国家生存发展：基于西方主要国家的历史考察与思考》，较为深入地论述了日本帝国兴亡过程中情报发挥的作用，帮助我们宏观认识情报对国家安全与发展的意义。罗卫萍著《二战期间日本情报失误研究与思考》，重点考察了二战期间日本的情报失误，从情报搜集、分析、使用、反情报、情报政治化几个方面深刻且具体地分析了情报失误的表现与原因。此外，与该研究相关的学术论文主要有高元新、梁瑞红的《试析美国情报与决策的关系》与余凯、胡小伟的《浅析美国战略决策与情报体制的优劣性》，系统分析了美国战略决策与情报保障之间的互动关系并做出评价。王倩、李景德的学术论文《美国战略情报与决策体制特点分析》，认为完备的体制是科学高效决策的重要保障，体制内的各部门既要合作又要竞争，适应形势变化并为战略情报融入决策提供支持。欧阳维、张建平的《战略决策对战略情报的需求》，分析了战略情报对于战略决策的必要性，详细论述了战略决策对战略情报的要求。马晓娟的《战略情报与战略

---

[1] 松村劲『オペレーショナル・インテリジェンス——意思決定のための作戦情報理論』、日本経済新聞社、2006年

决策》与霍黎明、张建平的《战略决策对战略情报的基本需求》，指出战略情报对于战略决策具有特殊意义，并预测了战略情报工作未来的发展方向。上述论文以介绍、吸收美国情报与决策关系研究成果的居多，对日本相关研究涉及甚少。

（二）关于战略决策、情报保障的实践研究

关于战略决策的成果主要有：威廉森·默里、麦格雷戈·诺克斯等编著的《缔造战略：统治者、国家与战争》[①]，该书对人类历史上的军政领导人在回应外部挑战时采取的战略以及战略表达方式进行了回顾，通过对比分析，强调了国家战略对于国家安全与发展的重要性。丹尼斯·德鲁、唐纳德·斯诺著《国家安全战略的制定》[②]，强调制定国家战略必须全面考虑政治、军事、经济、科技、文化等各个因素，介绍了国家安全战略的制定程序和机构设置。彼得·帕雷特主编《现代战略的缔造者：从马基雅维利到核时代》[③]，从历史的角度出发，表明和平与战争的密切交互作用，阐释了自文艺复兴时期以来的大战略家们如何有效利用军事资源，如何使既有的和潜在的战斗力得到最佳使用。日本学者野中郁次郎著《失败的本质——战争指导篇》[④]，分析了日军战败的最根本原因，并得出结论：战争的最高指挥者不够优秀，将权力下放给中下层军队指挥员，导致权力失控，战争失控，所以归根结底还是日本政府、日本军队的组织结构不合理才导致了战争的失败。北冈俊明与战史研究会合著《日本人的战略失败》[⑤]，认为日本人缺乏战略思维，对太平洋

---

① [美] 威廉森·默里，麦格雷戈·诺克斯，阿尔文·伯恩斯坦编著. 缔造战略：统治者、国家与战争. 时殷弘等译. 北京：世界知识出版社，2004
② [美] 丹尼斯·德鲁，唐纳德·斯诺. 国家安全战略的制定. 王辉青等译. 北京：军事科学出版社，1991
③ [美] 彼得·帕雷特主编. 现代战略的缔造者：从马基雅维利到核时代. 时殷弘等译. 北京：世界知识出版社，2006
④ 野中郁次郎『失敗の本質　戦場のリーダーシップ篇』、ダイヤモンド社、2012年
⑤ 北岡俊明・戦史研究会『日本人の戦略的失敗』、PHP研究所、2008年

战争中日本的作战方针进行了反思并提出了多种假设，对日本战败的原因进行了战略、战术层面的分析，但对日本侵略扩张的法西斯本质没有深刻认识。森山优著《日本为何做出开战决策——"两论并计"与"非决定"》[①]，重新分析了日本发动太平洋战争的决策过程，发现战前日本的对美方针充满矛盾。陆海军省、参谋本部、军令部和外务省的首脑，在战与和之间摇摆不定，每一方都拿出符合自己利益的方案，最终的决策结果是对美开战，反映出日本式决策体系存在致命缺陷。国内相关研究成果主要有：雷国山著《日本侵华决策史研究：1937－1945》，通过梳理"东亚新秩序论"和"大东亚共荣圈"的提出与演变过程，论述了日本全面侵华期间日本政府对华决策的脉络。过毅、高鹏主编《20世纪重大战略决策选评》，选取了20世纪最有代表性的战争和战役，对其中的战略决策实践进行了深入研究和反思，在重现重大战略决策实践的基础上，对每个战略决策从决策者、决策过程、决策机制、决策效果等方面进行了深入的点评，并总结出许多具有特殊指导意义的经验和教训。李广民著《与强者为伍——日本结盟外交比较研究》，通过对日本在日俄战争前与英国结盟，在二战期间与德、意结成三国同盟的决策过程进行分析，总结了近代日本的决策机制及其特点。徐国平著《战略决策新论》，对战略决策的含义、特点、原则、依据和程序等做了详细阐述，对情报尤其是战略情报与决策的关系进行了一定论述。唐凌著《现代军事战略决策研究》，对新时期和现代条件下军事战略决策的特点、要求做出分析，介绍了科学军事战略思维模式，帮助我们了解到军事战略决策的复杂性。曹延中著《战争的决策》，从战争决策的地位作用、时代特征、方法论和影响因素四个方面阐述了战争决策的理论基础，提出了系统、具体的战争决策程序。

在情报工作的实践方面，国外的研究成果主要有：艾布拉姆·

---

① 森山優『日本はなぜ開戦に踏み切ったか——「両論併記」と「非決定」』、新潮社、2012年

N. 舒尔斯基、加里·J. 斯密特著《无声的战争——认识情报世界》①，阐述了情报研究领域的基本问题，如情报流程、情报失误等，还分析了国内情报、反情报、隐蔽行动、情报与决策关系等，这些是国内情报研究较少涉及的内容。最重要的是，他修正了谢尔曼·肯特情报理论中一些不尽合理的地方。② 美国情报学者布鲁斯·勃克维茨和阿兰·古德曼合著《为美国国家安全服务的战略情报》③，对战略情报与国家安全的关系进行了分析。日本庆应义塾大学教授小林良树著《情报基础理论》④，以通俗易懂的语言，介绍了情报工作的相关知识，构建了情报工作的全貌。井上孝司的《现代军事情报入门——军事情报的搜集、解读和使用方法》⑤，以大量案例作支撑，介绍了军事情报如何搜集、如何分析和如何使用，认为情报同后方支援的兵站、指挥系统一样重要，任何战斗都离不开情报保障。小谷贤、落合浩太郎、金子将史著《世界情报——21 世纪的情报战争》⑥ 与落合浩太郎著《情报欠缺的国家将会毁灭——世界情报共同体》⑦，详细介绍了当今世界上最先进的情报理论、情报体制，对日本的情报能力建设建言献策，呼吁日本政府要重视情报的作用，尤其要重视对于国家安全而言具有突出意义的战略情报。冈崎久彦

---

① ［美］艾布拉姆·N. 舒尔斯基，加里·J. 斯密特著. 无声的战争——认识情报世界（第3版）. 罗明安、肖皓元译. 北京：金城出版社，2011.

② 比如对于情报的定义，舒尔斯基认为肯特"只关注和平时代的情报需求"，但在战时，情报不仅要为战略决策提供支持，同时也要为战场上的军事行动提供支持。对情报的整体讨论必须将战役和战术情报纳入其中。此外，舒尔斯基对于"国内情报、反情报是否属于情报"也有不同观点。

③ Bruce D. Berkowitz, Allan E. Goodman, Strategic Intelligence for American National Security, Princeton, Princeton University Press, 1989.

④ 小林良樹『インテリジェンスの基礎理論』、立花書房、2014 年

⑤ 井上孝司『現代ミリタリー・インテリジェンス入門——軍事情報の集め方、読み方、使い方』、ダイヤモンド社、2012 年

⑥ 小谷賢・落合浩太郎・金子将史『世界のインテリジェンス——21 世紀の情報戦争を読む』、PHP 研究所、2007 年

⑦ 落合浩太郎『インテリジェンスなき国家は滅ぶ——世界の情報コミュニテイ』、亜紀書房、2011 年

著《冈崎久彦的情报战略》①，论述了国家与情报的关系，强调要重视情报、改善情报体制、重用情报专家，分析情报作用的同时，反思了日本战略决策能力欠缺的历史。国内研究成果主要有：刘强著《战略预警视野下的战略情报工作——边缘理论与历史实践的解析》，强调了战略情报对于国家安全的重要性，对战略情报获取与研判提出了自己独到的见解，并对安全威胁变化和科学技术发展条件下战略情报工作面临的挑战做出分析。

以上关于决策与情报工作实践的研究成果虽然没有直接论及情报保障在日本战争决策中的地位和作用，但是有关战争决策的主体、机制、影响因素和情报相关理论成为日本情报研究的重要知识基础。

（三）关于日本在甲午战争、日俄战争、侵华战争和太平洋战争中的情报史研究

从历史学研究的角度看，记述甲午战争、日俄战争、侵华战争和太平洋战争的历史资料、文献非常丰富。这些资料详细记载了战争发生的原因、时代背景、其中的重大事件和重要人物等，突出对于战争细节的介绍，情报活动的记录比较零散。国外有日本历史学家井上清著《日本历史》，大江志乃夫著《日俄战争军事史研究》和《日本参谋本部》，英国学者大卫·巴迪著《日本帝国的兴衰》，渊田美津雄、奥宫正武著《中途岛海战》，东亚同文会编《对华回忆录》，国内有刘乐土编著《世界战争解焦点——100 场战争》，董志正、田久川、关捷等人编著《日俄战争史》，丁名楠等人合著《帝国主义侵华史》等。这些著作中对于战争经过描写很详细，对于日本的情报工作有所涉及但内容较少。

---

① 岡崎久彦『岡崎久彦の情報戦略のすべて』、PHP 研究所、2002 年

重点描述上述战争中情报活动的，国外主要有日本学者实松让[①]著《情报战》[②]和《珍珠港事件前的日日夜夜》[③]，这两部书记述了自日俄战争以来，特别是太平洋战争期间日美两国在情报战线上的激烈斗争。书中引用了大量历史资料，并加入作者自身的经历和感受，通俗易懂。但是作者在书中夸大了情报的作用，没有认清太平洋战争的实质和决定战争胜负的关键。小谷贤著《情报——国家、组织应该如何看待》[④]，介绍了世界历史上典型的情报失误案例，并结合日本二战时期的情报工作，对日本决策者与情报的关系进行了反思。小谷贤著《日本军队的情报——情报未被活用的原因》[⑤]，认为日军最大的弱点是欠缺情报意识。小谷贤详细分析了日军在情报战中一败涂地的原因，主要包括重视作战、轻视情报，缺乏长远眼光和派阀主义。对于日本军队欠缺情报意识的观点，笔者持不同意见，笔者反倒认为日本人情报意识很强，只不过战略情报意识相对薄弱，这是由战略思维的缺失引起的。二战时期曾担任日本大本营[⑥]情报参谋的堀荣三[⑦]著《无情报国家的悲剧——大本营参谋的情报战

[①] 实松让青年时期毕业于日本海军大学，后到美国普林斯顿大学留学。太平洋战争爆发前，他曾先后担任日本海军驻外工作人员、海军武官助理，是一位资深对美情报工作者。

[②] [日] 实松让. 情报战. 王云辅，杨坚，张林译. 南京：江苏人民出版社，1981.

[③] [日] 实松让. 珍珠港事件前的日日夜夜. 张焕利，黄凤珍译. 北京：新华出版社，1984.

[④] 小谷贤『インテリジェンス—国家、組織は情報をいかに扱うべきか—』、筑摩書房、2012 年

[⑤] 小谷贤『日本軍のインテリジェンスなぜ情報が活かされないのか』、講談社、2007 年

[⑥] 大本营是日本天皇亲自主持的战时最高统帅机构，是日本近代军事领导体制改革与发展的产物。大本营不仅在指导甲午战争中发挥了重要作用，在此后的日俄、侵华和太平洋战争中也一直是负责指挥对外战争的核心机构。1893 年 5 月 19 日，为备战需要，日本公布《战时大本营条例》，第一次建立了战时大本营，标志着日本军制改革的完成和为发动日清战争（甲午战争）做好了军事准备。客观而言，战时大本营不是日本的发明创造，是西方军事领导体制在日本的吸收和发展。

[⑦] 堀荣三是日本陆军大学毕业的高材生。太平洋战争时期，他担任日本大本营情报部第六课（英美情报课）的情报参谋，表现十分优秀。他熟悉美军情况，在战争期间能够从各种公开来源的信息中推测出美军的动态，对美军的军事动向预测相当准确，被誉为"麦克阿瑟的参谋"。二战结束后，他曾担任日本自卫队的情报室长。

记》①，回顾了他本人担任战时大本营情报参谋时的亲身经历，痛陈当时忽视情报的日本战争指挥机构存在的问题。这本书对于我们了解日军大本营的决策过程提供了宝贵的资料。畠山清行著《陆军中野学校》②，介绍了原日军培养谋略和谍报人员的神秘机构陆军中野学校，包括它何时建立，为何要建，如何培养谍报人员等。山崎启明著《情报1941——日美开战前不为人知的国际情报战》③，以新史料为基础，介绍了太平洋战争前日、美、英、德、苏等国间展开的情报战，并深入描述了当时各国领导人对于战争的复杂心态。有贺传著《日本陆海军的情报机构及其活动》④，以近代日本陆海军的情报活动为中心，记述了日本军队情报系统的情报实践活动，点明陆海军的利益之争对情报共享的不利影响。北冈伸一著《日本陆军与大陆政策》⑤，介绍了日本大陆政策出台的过程及其危害，分析了日本陆军参与制定大陆政策的相关背景。英国情报史学家理查德·迪肯著《日谍秘史》，给予日本情报工作和情报机构高度评价，认为日本人对于情报极为敏感并富有创意，对无所不用其极的日本谍报活动的罪恶与非正义性却并未进行批评。高桥久志的论文《日本陆军与对华情报》⑥，介绍了日本陆军情报机构在中国开展情报工作的发端和取得的成绩。有贺传的论文《参谋本部、军令部情报部门的变迁》⑦，从历史角度出发，记述了日本军队两大军令部门领导和组织情报工作的具体情况。上述两篇论文的历史性阐述，能帮助我们了解日本情报工作的一个侧面，但难以从整体把握日本战争决策中情报保障的实际效能。小谷贤的论文《日军与情报——成功和失败的

---

① 堀栄三『大本営参謀の情報戦記』、文藝春秋、1996
② 畠山清行『陸軍中野学校秘史』、新潮社、2004
③ 山崎啓明『インテリジェンス1941—日米開戦への道 知られざる国際情報戦—』、NHK出版、2014年
④ 有賀傳『日本陸海軍の情報機構とその活動』、近代文藝社、1994年
⑤ 北岡伸一『日本陸軍と大陸政策』、東京大学出版会、1978年
⑥ 高橋久志「日本陸軍と対中情報」、軍事史学会編『第二次世界大戦』、錦正社、1990年
⑦ 有賀伝「参謀本部、軍令部情報部門の変遷」、『新防衛論集』第12巻第2号、1984年

案例》①，介绍了日本太平洋战争中陆海军的情报搜集活动和情报使用情况，对成功和失败的情报活动进行了客观评价，认为偷袭珍珠港能够成功，不仅仅因为英美的粗心大意。日军在密码破译方面取得的成就虽然较之英美有差距，但不能因此忽略日本在技术情报方面付出的努力。

国内方面，有许金生著《近代日本对华军事谍报体系研究》，该研究史料详实，围绕近代以来日本的侵华思想、国防方针与对华谍报展开考察，探讨了日本陆海军谍报工作的组织构成及作用，并对日军谍报活动的特点进行了概括。姜子钒著《日本间谍全传》，详细介绍了日本近代史中出现的著名间谍与经典谍报活动，总结了日本间谍在各领域活动的特点。刘宗和、高金虎主编《第二次世界大战情报史》，在第一章和第五章介绍了第二次世界大战期间日本的情报搜集、情报分析与情报谋略等并做出评价，重点指出了日本在二战中情报失误的原因，如缺乏情报评估②等。胡平编著《情报日本》，从整体上对日本近代情报活动进行了概括和介绍。孙建民、汪明敏、杨传英编著《情报战战例选析》，对日俄战争和偷袭珍珠港事件中的情报战做了比较详细的介绍。此外，吴童编著《谍海风云——日本对华谍报活动与中日间谍战》，戚其章著《甲午日谍秘史》，谢志强编著《日本特工揭秘》，王振坤、张颖著《日特祸华史——日本帝国主义侵华谋略谍报活动史实》，梁陶著《日本情报组织揭秘》等著作以日本海外间谍和特工为研究对象，记录了战时、平时日本间

---

① 小谷賢「日本軍とインテリジェンス—成功と失敗の事例から—」、『防衛研究所紀要』第 11 卷第 1 号、2008 年 11 月。

② 情报评估（intelligence estimate）是美国情报术语之一。情报评估属于情报产品中最具有挑战性的一类，最大特点在于其预测属性，即要预测事物发展的未来走势。对于情报评估的重要性，各个国家认识有所不同，同一国家在不同时期认识也不尽相同。如舒尔斯基根据谢尔曼·肯特对战略情报的划分方法，将情报分为现实情报（current intelligence）、基本情报（basic intelligence）和情报评估三种。笔者认为，情报评估既是一种对未来进行预测的情报产品，同时也是情报分析的一个有机组成部分，是情报处理流程中的关键环节。情报评估是通过对敌我力量进行对比，对国际环境进行分析，形成对未来形势发展、战争走向预测和判断的过程。

谍的情报活动，对于特务机构的谋略活动也有记述，内容多是讲谍战故事，理论深度略显不足。从整体而言，日本情报史方面的书籍、论文数量颇多，有些是客观记录，有些带有作者的主观认识，需要认真加以鉴别。

综上所述，笔者从三个方面介绍了国内外有关日本战争决策中的情报保障的研究现状。囿于文章篇幅限制，加之笔者的学术视野和搜集能力有限，不可能穷尽所有相关文献资料并一一列举综述。二战结束后，出现了大量描写二战时期英国如何破解德国的"恩尼格码"从而帮助盟国打败纳粹，美国如何破解日本外交密码和海军通信密码使得战场形势发生逆转的文字和作品，[①]但是截至目前，无论是国内还是国外，记述和描写日本战时情报工作的作品还不算丰富，有关日本对外战争决策中的情报保障问题的论述更是少之又少。原因之一是有关日本陆海军情报活动的历史资料在太平洋战争结束后几乎被全部烧掉，日军当时如何进行情报搜集、情报分析以及情报如何使用等存在很多不确定之处，研究缺乏第一手资料。[②]原因之二是在战争后期，日本的情报保障水平较之当时的美国、英国等同盟国家落于下风，战后的学者认为没有太多研究的价值，对日本情报工作的负面评价较多。

日本战争决策中的情报保障问题非常值得关注和研究，如何认识日本情报保障对于战争决策的影响，如何客观、理性看待日本的情报工作等均需要进行再思考，日本的情报工作相关问题仍有较大的研究和挖掘空间。在总结和继承以往相关情报理论和情报史研究成果的基础上，通过对日本对外战争决策中的情报保障的特点和影响因素进行归纳总结，能够增强对于战争决策中情报保障问题的理解。

---

① 森山優「戦時期日本の暗号解読とアメリカの対応——暗号運用の観点から」、『インテリジェンス』2007 年第 9 号

② 小谷賢「日本軍とインテリジェンス—成功と失敗の事例から—」、『防衛研究所紀要』第 11 巻第 1 号、2008 年 11 月

引 言

三

为了避免研究流于空泛，做到言之有物，本书遵循史论结合、论从史出的研究思路，这有助于达成客观的证据意识和主观逻辑思维意识的完美统一。通过对近代日本对外发动战争中的情报保障进行对比研究，可以把对日本的情报研究纳入更广阔的历史背景之中，克服单一案例研究的狭隘性，有助于了解日本同其他民族、国家和地区之间的文化传统、战略习惯、民族心理的差异，逐渐淡化和消除偏见，促进国际关系和平发展。毕竟，对历史事件进行研究，不是停留在事件发生的当时，而是从已知到未知，通过这些事件发掘对当今时代的启示。因此，对相关概念进行辨析，明确研究范畴并科学确定分析案例十分必要。

（一）概念辨析

决策：决策是为实现特定目的，从多种方案中选择最优的过程。按照行为科学理论，人的行为是在意志支配下产生的自觉行动。人的行为不是随机的，而是经过思考和可以预测的。决策就是决策者做出决断的心理活动和行动反应。[①]

战略决策：是战略指挥员及其指挥机构对战略问题做出的筹划和决定。[②] 具体而言，作为战略指挥活动的核心环节，战略决策是国家和政治集团最高政治、军事领导为解决有关维护国家安全、建设国防与军队、准备和实施战争及非战争军事行动的全局性问题而进行的判断、选择和调整活动，对维护国家安全、保卫和拓展国家利

[①] 魏宾，司光亚，胡晓峰. 战争决策行为的分析与描述. 军事运筹与系统工程，2003（3）

[②] 全军军事术语管理委员会，军事科学院. 中国人民解放军军语. 北京：军事科学出版社，2011. 54

益，以及国防和军队建设的成败有决定性影响。① 战略决策是军事斗争中主观指导的集中表现，是战略谋划者的一项基本任务。战略决策的实质，是实事求是地分析军事斗争中各种矛盾和寻求解决这些矛盾的办法，希冀找出和利用对方的弱点，充分发挥己方的优势，去夺取军事斗争的胜利。②

战争决策：指最高决策者（或决策集体）为维护国家安全利益和达成战略目标做出的发动战争决断的行动。战争决策具有风险性、对抗性、全局性、制约性等特点。战争决策正确与否，不光直接关系战争的胜败，还关系到国家安危和民族兴亡，有时甚至会影响整个人类历史的进程。战争决策是决策者能力与素质的集中体现，要求决策者具有无畏的勇气与坚强的意志。

战争决策属于战略决策范畴，它既是战略指导能力的集中体现，也是一种带有高度创造性的思维活动。较之战略决策，战争决策的实践意义更强，具有更突出的敌我对抗性以及不可逆性。③

（二）近代日本对外战争案例遴选标准

科学的研究方法是工作得以顺利进行的条件，也是研究结果准确客观的保证。案例研究法是选择少数甚至单一事例进行深入分析与解释的一种研究路径。案例研究既可以对个案做出历史性解释，又可以发挥验证假设作用。随着军事情报学作为一个独立学科发展日趋成熟，美、英等国的情报专家和情报学者十分重视通过对情报史上的案例研究来创新情报理论，推动情报事业发展。众多的情报史、情报战战例研究论著，不仅很大程度上填补了情报史研究的空白，更深化了军事情报理论研究。案例研究对于保证研究的完整性意义重大，对客观现实的反映更加准确。本书使用案例研究法，通

---

① 唐凌. 战略决策若干影响因素分析. 国防大学学报（军队指挥研究），2012（4）
② 徐国平. 战略决策新论. 北京：国防大学出版社，2011.2
③ 曹延中. 战争的决策. 北京：军事科学出版社，2011.2

引 言

过对日本明治维新后对外发动的四场战争的历史考察，以期发现日本情报工作中带有规律性的东西，尤其是在发动战争之前日本如何进行情报工作、日本决策者如何认识和使用情报。

战争是国家、民族、阶级、政治集团间矛盾斗争的最高形式。对外战争就是一个国家对另外一个国家，一个民族对另外一个民族发动的战争。从明治维新走上资本主义道路到1945年战败投降，在这近80年的时间跨度中，日本参加过的战争达14次之多①，其中有10次是针对中国的，这与中华民族近代的衰落和饱受屈辱有直接关系。为探究日本近代对外战争决策中的情报保障问题，笔者从这14场战争中，挑选出了最主要、最具代表性的甲午战争、日俄战争、侵华战争和太平洋战争，作为本书的案例进行研究。

进行案例研究时，案例选择反映出作者的研究指向性，能够体现研究者的眼光和学术素养。案例选择合适与否，会影响到结论的准确性和严谨性。情报相关研究也是如此。以战争为案例进行研究时，选择标准不应该基于战争对当今的影响，而是战争对所处历史时期各种力量对比的影响以及对社会政治、军事变革的影响。就战争而言，一定会有某些战争较之其他战争具有相对重大的意义②，对交战方的影响较之其他战争也更加深远。那么，这四场战争又各自具有哪些特殊性，对当时的时局产生了什么影响呢？

甲午战争是日本近代走上资本主义道路后对外发动的第一场战争。中国在这场战争中战败，割地赔款。此后，西方列强加紧瓜分

---

① 除了上述的四场战争，其他主要有：1874年日本政府派陆军中将西乡率兵进犯台湾，迫使清政府与其签订了《北京专条》；1875年5月入侵朝鲜，迫使朝鲜与其签订了《江华条约》；1900年参加八国联军攻入北京城并大肆掠杀，清政府与八国签订了《辛丑条约》；1914年第一次世界大战时期，日本趁欧洲列强无暇东顾，对德宣战，占领了青岛、济南，并向袁世凯政府提出旨在灭亡中国的《二十一条》；1918年日本伙同美、英、法等国出兵西伯利亚，干涉十月革命后的苏维埃政权，掠夺远东地区的自然资源；1927～1928年日本为阻止国民党北伐军统一中国，制造了屠杀5000多名中国军民的"济南惨案"。

② 历史学家和军事史学家习惯把在人类战争史上对当时和未来产生深远影响的战争称为"决定性会战"。

中国，中国财政、经济全面破产，沦为半殖民地半封建社会。甲午战争使东亚地区形势和国际格局发生了根本变化，改变了大国力量对比，对此后的世界历史产生了深远影响。日俄战争是20世纪爆发的第一场大规模帝国主义战争。日本战胜欧洲强国俄国，一定程度上鼓舞了当时亚洲殖民地的独立和解放运动，导致俄国国内爆发了1905年革命。这次革命虽然没有取得成功，但推动了俄国国内改革，为十月革命的胜利奠定了基础。日俄战争使日本确立了东亚优势地位，改变了远东国际关系格局，更成为日本民族、国家发展的重要拐点。侵华战争是近代中国反抗外敌入侵第一次取得胜利的民族解放战争。日本侵略中国并给中国带来沉重灾难，生命财产损失不计其数，中国人民一致对外，在抵抗日本侵略的过程中走向团结。太平洋战场是二战的主战场之一，日本偷袭珍珠港将美国拖入二战，美国参战加速了日本战败。太平洋战争中的偷袭珍珠港、中途岛海战等都已经成为情报战的经典案例而被载入史册。

本书主要探讨日本做出对外发动战争这一战略决策过程中的情报保障问题，战争进程中、结束战争的战略决策中的情报保障不在本书的研究范畴之内。① 在本书中，笔者将战争决策的内涵限定为决策者发动战争前的想定，即"打或不打"的决策，主要考察最高决策者决定发动战争这一战略决策过程中的情报保障问题，具体包括"和谁打""什么时间打""什么地方打""怎么打"以及"打到什么程度"等。战略决策对战争全局产生影响，战役和战术决策则会对战斗的结局产生影响。

总之，笔者选择历史上这四场战争作为案例进行日本情报保障研究，希望能从实践中总结经验教训，把握日本近代对外战争决策

---

① 对于战争决策的内涵，在不同的研究范式下会有不同的设定。比如在曹延中的研究中，战争决策是一个动态的过程，是国家最高决策者对战争问题做出的"一系列"政治军事决策。具体包括如何进行战争准备，是否进入战争状态，何时、何地、如何发动战争，战争进程中如何推进，如何结束战争，战后处理等内容。参见曹延中. 战争的决策. 北京：军事科学出版社，2011.1~2，184

中情报保障的一般原则和规律,为当今条件下中国国防和军队现代化改革提供借鉴。由于不同时代、不同战争模式下的战争各有特点,在不同案例中,情报保障的程度和质量也各不相同,所以本书中的案例研究也不同于一般的案例研究,不沉溺于对每场战争战略决策中的具体情报保障细节做面面俱到的探讨,而是关注其要领和关键,抓取每一场战争在战略决策和情报保障上最本质和核心的内容进行分析,总结特点并分析影响因素。

第一章 日本近代对外战争决策中的情报保障

　　任何历史现象都是共性和个性的统一体。通过对不同时间、不同空间的历史现象进行纵向或横向的比较对照，分析异同，认识本质，能够探索历史发展的一般规律或特殊规律。历史现象之间存在的差异性和同一性就是比较研究的客观基础，也是人们进行历史比较研究的科学依据。从战略情报与战略决策的客观属性出发，无论什么历史时期、无论哪个国家，情报工作的目标都是基本一致的，决策对情报的需求都是客观存在的，对二者关系的认识也是具有趋同性的，即存在共性。同时，由于各国在文化背景、社会历史、军事思想和军事情报工作实践等方面的差异，它们在战略情报与战略决策方面又显现出各自不同的特点，这为我们进行横向对比创造了条件。此外，遵循历史发展的轨迹，追溯同一对象在不同的历史时期的具体表现，也为我们进行纵向对比提供了机会。本章将从情报与决策的角度，对日本在不同历史时期发动的对象不同、结果不同的四场战争加以分解，并对分解出的各个部分和各个要素进行考察，揭示和认识每场战争中情报保障的特点和其特殊性，在比较的过程中为之后章节探索共性的东西，即揭示整体特征和本质规律打下基础。

　　从明治时期开始，日本多次对外发动战争，用军事冒险转嫁国内矛盾，掠夺财富，维护天皇统治的合法与稳固。日本认为它应该向当时的英、德、法等西方发达国家学习，通过对外实施侵略扩张来壮大自己，这个后起的工业化国家走向了帝国主义。一开始，日本只是小口蚕食，后来就张开血盆大口，意欲鲸吞周边国家甚至整个世界。[1] 为了满足对外扩张的需要，在 19 世纪 80 年代，日本正式展开了对外情报工作。日本情报机构首先在甲午战争中小试锋芒，后又在日俄战争中得到加强，经过侵华战争一直到第二次世界大战结束，在日本进行形势判断、制定战略目标和作战计划、展开偷袭行动中都发挥了至关重要的作用。

第一节 甲午战争决策中的情报保障

1894 年的甲午战争是近代日本侵华的开端。日本曾经是中国的学生，但其对中国大陆这片土地的觊觎之心却早已有之。早在 16 世纪，统一日本的丰臣秀吉就产生过"天皇居北京，秀吉留宁波府"的念头，并为之积极付诸行动。开疆拓土必须以朝鲜半岛为跳板，先控制朝鲜进而吞并中国成为日本自明治维新后实现国家扩张的共识。北洋水师的全军覆没让日本带有赌博意味的挑战清国[2]计划得以成功，割地赔款的不平等条约为日本资本主义快速崛起提供了物质基础，清朝政府的不堪一击更加刺激了日本对外扩张的神经。

晚清时期的中国政治腐败，对中国广阔国土觊觎已久的日本抓紧时间进行战争准备。日本是一个"情报立国"的国家，对情报工作十分重视，虽然早期的情报系统并不完善，但自成体系并极富进攻性。甲午战争爆发前，日本将无数间谍派驻中国，刺探清政府和清军行动，伺机侵略中国。在甲午战争的战场上，日本发动了一场具有近代特征的情报战。[3] 在战前，日本各级情报主体对中国进行了

---

[1] [美] 理查德·J. 塞缪尔斯. 日本大战略与东亚的未来. 刘铁娃译. 上海：上海人民出版社，2010. 15

[2] 本书中，对于日文史料和日语表述中出现的地名或者国名，如"清国""支那""南满洲""满蒙"以及"印度支那"等，如果是引用则保持原文不变，不是引用在行文中则会根据需要使用。这些名称尽管有些是蔑称，现在已经不再使用，但为了表述的严谨，加上有些地名往往指代特殊的地域概念，笔者选择沿用，不另加注释。

[3] 宗泽亚. 日清战争 1894—1895. 北京：世界图书出版公司，2012. 178

系统而周密的情报搜集工作，"其中相当一部分为日本在1894～1895年的甲午战争中取得胜利铺平了道路"①。日本极为重视情报的价值，动员国内外各种力量，采取各种手段搜集清政府情报，事无巨细，为赢得战争各个阶段的胜利奠定了基础。在甲午战争中，日本将中国兵学经典《孙子兵法》中的情报思想发挥得淋漓尽致。②日本"尽知我军情，先发以制我，致使倭人着着领先，而我处处落后"③。日本巨大的情报优势使中国在战争中始终处于不利地位，处处被日军掣肘，情报与反窃密的双重失误是导致清政府战败并割地赔款的一个重要原因。

一、甲午战争前日本对战略环境的判断

战略环境，是指在一定时期内战略决策主体所面临的影响国家（民族）安全和军事斗争全局的客观条件，包括国际国内政治、经济、军事、科技、地理等方面的基本情况，以及由此形成的战略态势，特别是战争与和平的总体局面和发展趋势。④ 战略环境可以分为国际战略环境和国内战略环境两部分。甲午战争的爆发并非偶然，是日本为缓解当时国内严峻形势并有效利用国际环境处心积虑发动的一场帝国主义侵略战争。

（一）国际环境

甲午战争前夕，新诞生的明治政府对国际形势的总体认识是"有史以来从未有过军备的旺盛"。当时正是权力政治与帝国主义发展的全盛时期，欧美列强几乎都把精力集中在殖民地的掠夺和势力划分上，日本不甘落后，将"富国强兵"作为国策。

首先，美、俄、英等帝国主义列强不同程度支持或纵容日本发

---

① ［英］理查德·迪肯. 日谍秘史. 姜文灏，赵之援译. 北京：世界知识出版社，1984.13
② 日本是世界上最早引入并翻译《孙子兵法》的国家，日本战国时代的大名、武将等将孙子视为最伟大的情报技巧专家而顶礼膜拜。
③ 中国史学会编. 中日战争：第5册. 上海：上海人民出版社，1957.467
④ 范震江，马保安. 军事战略论. 北京：国防大学出版社，2007.59

动对中国的战争。美国支持日本侵略中国，在日本吞并琉球问题上袒护日本，还唆使日本侵略台湾。甲午战争前夕，美国专门从白令海峡调来两艘炮舰到朝鲜海域，为日本助威。① 在美国国内，舆论称日本是为"解放朝鲜"而战，指责中国干涉朝鲜内政，支持日本发动战争。② 1894 年 7 月 16 日，英国同日本签订了《英日通商航海条约》，取消了英国在日本的租界和领事裁判权，并允许日本提高英国货物的进口关税，间接对日表示支持。③ 该条约的签订意味着西方列强对日不平等条约的作废与治外法权的结束。甲午战争前，英国还允许日本军舰悬挂英国国旗到大沽口炮台周围侦察情报。④ 俄国对朝鲜虽有企图，但是因为它在远东地区的实力尚比较弱，希望能借日本之手削弱中国，同时牵制英国，所以对日本侵犯朝鲜采取了不干涉政策。德国、法国希望借日本之手向远东扩张，扩大在亚洲的权益，因此都极力怂恿日本出兵侵略中国。

其次，清朝末期的中国政治腐败、经济落后，无力抵御列强凌辱，这在客观上助长了日本侵犯中国的野心。尽管出现了试图以资本主义生产技术维持封建统治的"洋务运动"，但长期闭关锁国导致清政府经济状况极差，不仅不能和英、美、法等西方列强相提并论，也无法和明治维新后走上资本主义近代化道路的日本比肩。此外，清朝统治者腐朽没落，面对列强的虎视眈眈，非但不敢奋勇抵抗，反而忍气吞声、屈辱卖国。西方列强的蚕食鲸吞使

---

① 张志宇．甲午战争的背景及其对中日关系的影响．日本问题研究，1994（3）

② 即使在甲午战争爆发后，美国还在朝鲜问题上支持日本，不仅卖给日本大批新式武器，美国驻华领事馆还将搜集到的情报交给日本。

③ 鹿島守之助『日英外交史』、鹿島研究所、1957 年、153 頁

④ 甲午战争爆发时，清政府租用的是英国商船"高升"号，悬挂英国国旗，被日本军舰"浪速"号拦截并开炮击沉，虽然英国国内舆论一度沸腾，群情激奋要求政府采取措施对日本进行报复，但是，英国出于对抗俄国南下考虑已经决定扶持日本，并未向日本提出抗议。由此可以看出英国在这场战争中的立场。

得中国不断丧失领土，权益受损，主权受到极大侵犯。① 西方列强对中国周边朝贡国的入侵，对中国边疆地区领土的抢占，以及在中国国内势力范围的划分等，都被新兴的日本看在眼里，助长了其对外扩张的野心。中国在外交上的退让和一系列失败大大增强了日本发动战争的决心。

（二）国内环境

第一，自明治政府成立之初，日本就将对外扩张确立为基本国策，以"富国强兵"为口号，大力发展经济，积极准备向海外扩张势力。从1880年起，日本以赶超当时的清国为目标，全力扩军备战。1882年，日本认为中国是未来首要作战对象，开始了对华作战的准备工作。明治政府建立了天皇制军队和常备军，学习西方建立了新的军事领导体制、作战指挥体制，实行全民义务兵役制。② 1887年，为表达最高统治者"富国强兵"的决心，明治天皇以身作则，从皇室经费中抽出30万日元补贴海军，这产生很大激励效果，极大鼓舞了日本的民心士气。日本国民纷纷效仿天皇踊跃捐款，仅一年就捐款100多万日元③。1893年，明治天皇又决定每年从皇室经费中拨取30万日元，并从政府官员的工资里抽取10%，补贴海军造船费用。到19世纪末，日本国力迅速上升，对亚洲大陆的野心也日益膨胀。截至甲午战争爆发，日本陆军拥有6.3万人的常备军和23万人的预备役，海军拥有7.2万吨排水量

---

① 第二次鸦片战争期间，沙俄强占中国100多万平方千米领土。中法战争后，中国与法国签订《中法新约》，越南成为法国殖民地，中国西南地区成为法国势力范围。英国迫使中国政府签订《缅甸条约》，英国吞并缅甸。英国后来又同清政府签订了《藏印条约》，取得了在西藏的诸多权益。沙俄与清政府签订了《伊犁条约》《陆路通商章程》和一系列边界条约，又侵占了中国10多万平方千米领土。

② 至1889年，日本兵役制度日趋完备，对外战争准备日趋充分。宪法规定天皇直接统帅军队、统帅权独立和军部大臣的任职资格以及实行武官专任制的三项基本原则。参考盛欣，何映光，王志坚，郭成建. 富士军刀——日本军事战略发展与现状. 北京：解放军出版社，2002.4

③ 甲午战争时期，日元对中国白银的汇率大约是：1库平两足银＝0.18英镑＝1.64日元。清朝向日本支付的赔款都是以英镑支付。

的战舰，且多为航速高并配备有速射炮的新式舰艇，陆海作战实力远超当时清国北洋海军。①

第二，日本国内对外扩张的舆论氛围浓厚。明治维新以后，日本虽走上资本主义道路，但改革很不彻底，保留大量封建因素。封建统治和资本主义经济压榨使广大劳动人民极端贫困，国内经济萧条，人民暴动迭起。② 日本知识阶层担心社会持续动荡可能引发动乱，建议政府"改变国家之方向，使国内人心转而向外"。③ 由此，日本国内逐渐形成了武力兴亚、对外扩张的舆论氛围，其中最有影响、最有代表性的人物当属提出了"脱亚入欧"理论的福泽谕吉。在其著作《脱亚论》中，他提出日本应学习西洋近代文明，脱去陈规旧习并在整个亚洲开创新格局的观点。福泽谕吉认为，日本虽然位于亚洲，但国民精神已经脱离了亚洲的顽固守旧。"支那"、朝鲜两个国家，不思改进之道，不知自省，数年内必然亡国，其领土将为世界文明各国所分割。日本不可犹疑，必须与西洋文明国家共进退。④ 1889年，山县有朋上台组阁。他原本主张以经济方式侵略他国，但他上台后大肆鼓吹对外侵略扩张，并提出了"主权线"和"利益线"的扩张概念。他认为，日本要想维持国家独立和尊严，只守卫主权线很不够，还必须保卫利益线。所谓"保卫利益线"，就是吞并朝鲜和中国等邻国，将它们作为日本列岛的缓冲。1892年12月，日本外相公开宣称要对中国发动侵略战争，呼吁日本民众多考虑"大日本帝国"的对外政策。板垣退助推出所谓"殖民论"，称世界各大国都向海外扩张殖民地，日本国土狭小、资源匮乏、人口过剩，不能落后于西方列强，更要加紧开拓殖民地。⑤ 事实上，从

---

① 甲午海战中，北洋舰队的总吨位是34496吨，联合舰队的总吨位是40849吨，仅从吨位来看日本已经占据上风。此外，在决定战争胜负的指挥官智慧水平、官兵军事素质、战术素养、士气以及武器弹药等补给的数量和质量等方面，日本也占据一定程度的优势。
② 比如在1890年1月，日本爆发了全国范围的农民大起义。
③ 信夫清三郎编集『日本外交史——1853~1972』、每日新闻社、1974年、166頁
④ 张志宇.甲午战争的背景及其对中日关系的影响.日本问题研究，1994（3）
⑤ 陈旭麓主编.中国近代史丛书：甲午中日战争.北京：高等教育出版社，1988.10

1881年开始，以主张天皇主义、国粹主义、大亚洲主义的玄洋社，由狂热军国主义者组成的"殖民协会"等为首的右翼团体陆续成立，这些右翼团体为推动日本政府对外发动战争奔走呼号，大造舆论，加速了甲午战争的爆发。

第三，日本资本主义经济的迅速发展迫切需要开拓海外市场和原料供应地。幕府统治结束后，日本迈出资本主义近代化步伐。带有浓厚封建色彩的日本资本主义经济推行文明开化、殖产兴业、富国强兵三大政策，经80年代后期的产业投资热潮后得到迅速发展。日本是岛国，国内市场狭小，原材料匮乏，经济发展受限，迫切需要开发国外市场，而朝鲜和中国广阔的市场以及丰富的资源对日本资本家有着极大吸引力。日本迫不及待地把目光投向海外，将对外扩张确立为国策。

第四，日本国内尖锐的阶级矛盾促使日本政府发动战争以转移民众视线。明治政权建立后并不稳固，资本主义的日益发展导致封建士族阶级逐渐没落，他们不甘心就此被忽略，各藩有实力的反动士族结成强大势力反对新政权。1890年，日本爆发了第一次资本主义经济危机并迅速蔓延到各行各业。为了摆脱危机，地主资本家对工农群众残酷剥削，大批裁减工人并压低工资。投机商人和封建地主纷纷哄抬物价，囤积居奇，大发不义之财。日本劳动人民生活日益陷入困境，不得不奋起反对政府。经济危机激化了统治阶级内部的矛盾，政府更迭频繁，政治更加不稳定。[①] 时任外相的陆奥宗光表示："国内形势日益紧迫，政局越来越紧张，通常手段不能使这种混乱平息下去。政府只有发动战争，才能稳定动荡不安的人心。"[②] 日本当时驻华盛顿公使健野三也对美国副国务卿表露出类似看法，称

---

① 1890年，根据明治宪法，日本举行大选并产生了议会。因议会强烈要求废除不平等条约和削减军费，局势不稳，执政一年半的山县内阁下野，松方正义内阁继任但执政时间更短。1892年8月伊藤博文上台后接连解散两届议会以压制反对意见。但第六届议会又于1894年5月30日通过对内阁的不信任案，伊藤面临总辞职或再一次解散议会的抉择。

② 孙克复，关捷编著. 甲午中日陆战史. 哈尔滨：黑龙江出版社，1984.71

日本国民的注意力全集中在对国内现状的不满，为转移这种注意力，日本宁愿发动战争。经济危机的出现促使日本加快对华战争决策的步伐，转移国内注意力的需要让伊藤博文内阁最终走上了对外战争的道路。

二、国家战略目标：侵略朝鲜，推进大陆政策

19世纪中叶，欧美各国相继完成资产阶级革命及产业革命。为建立全球性资本主义体系，抢占商品销售市场和原材料产地，欧美列强也将目光投向了闭关锁国的日本。在日本幕府时代末期，随着西学东渐和殖民化危机的不断加深，很多学者建言日本政府将目光投向海外，极力鼓吹侵略朝鲜、中国乃至整个亚洲，日本国内充斥着变法图强和对外扩张思想。比如幕末志士、明治维新的先驱吉田松阴就主张与俄美媾和以保证国家安全，同时养精蓄锐，加紧军备建设，"在贸易上失之于俄美者，应以土地由朝鲜和满洲补充"。[1] 至于扩张的路径，日本从国际形势考虑，决定选择距离日本最近、实力最弱的朝鲜为突破口。由此，日本炮制出所谓大陆政策，确立扩大侵略朝鲜为首要目标。日本打算以朝鲜国内问题为借口挑起同中国的战争，打败清政府后吞并朝鲜，以此取得向大陆扩张的跳板。大陆政策是明治政府"开拓万里波涛、布国威于四方"[2] 的具体表现，是日本明治维新后制定的"向朝鲜、中国等大陆国家进行武力扩张，梦想称霸亚洲甚至征服全世界的侵略总方针"[3]。大陆政策将日本的扩张野心展现得淋漓尽致。

---

[1] [日] 井上清.日本军国主义：第二册.姜晚成译.北京：商务印书馆，1985.7

[2] 语出《安抚万民之亲笔诏书》，《大日本外交文书》第1卷第1册，557。转引自 [日] 信夫清三郎编.天津社会科学院日本问题研究所译.日本外交史：上册.北京：商务印书馆，1980.121

[3] 伊文成，马家骏主编.明治维新史.沈阳：辽宁教育出版社，1987.554

三、系统化、组织化情报工作帮助日本定下战争决心

日本对华情报活动的发端与大陆政策的出台有直接关系。大陆政策源于西乡隆盛等人鼓吹的"征韩论",即通过侵略朝鲜向中国和东亚大陆进行扩张。当时朝鲜与清政府关系密切,1871年,江藤新平上书明治政府,建议尽快派出间谍到中国搜集情报,等待时机合适时立即发动战争。这成为近代日本对华情报活动的肇始。此后,日本近代情报机构陆续建立起来,为之后日本对外侵略扩张发挥了重要保障作用。为满足甲午战争的需要,日本一面扩军、提升陆海军实力,一面派出大批间谍、特务进入中国和朝鲜,大肆刺探和搜集情报。

(一)初建期(1871~1878):情报活动较为混乱分散,缺乏集中组织和事前计划

日本政府和军队都展开了大规模、积极的情报搜集活动,但军方派出的情报搜集人员更多。日军先是通过派往中国的"驻在将校"[①]搜集情报,后又在驻华公使馆配置间谍武官和武官助理等其他情报人员,由使馆武官统一负责所在地谍报工作。此外,日本还通过旅居中国的浪人[②]、商人、僧人、医生、学生等拥有合法身份的居民以及收买的中国人搜集情报。

1872年,日本军事领导人西乡隆盛派出陆军少尉池上四郎、大尉武市熊吉、外务省官员彭城中平三人到中国东北、华北一带,调

---

① "驻在将校"是日本明治维新后对到国外执行谍报任务的日军军官的统称。"将校"指将官和校官,泛指高级军官,"驻在"指肩负某种任务在某一地方长期驻守。

② 浪人,又称为支那浪人,指近代在中国大陆活动的日本民间人士,多为原幕府时代的武士阶层出身。日本文明开化后走上资本主义道路,取消了武士阶层,武士的特权与风光不再,遂成为浪人。他们无固定职业,于是来到中国,或者对中国怀有浓厚兴趣,或者怀有冒险和投机的心理,希望在中国成就一番事业。

查当地地理、兵备、民俗等情况，这是日本军方组织的首次对华谍报侦察活动。① 三人回国后，上报《视察满洲复命书》，认为清朝"政治腐败，国民士气不振，士兵纲纪松弛。官员公然贿赂，商民怨声载道。现在是解决中国问题的最佳时机"。② 这份报告对于日本决策对华出兵起到重要影响。1873 年，日本为侵占台湾，派遣陆军少佐桦山资纪等人到中国的广东、福建等沿海地区提前进行调查，桦山资纪后又率领儿玉利国等人进入台湾实地调查，侦察地形兵要，为次年的入侵台湾打下基础。此后又有大批谍报人员潜入中国进行秘密情报刺探，这些谍报人员数量众多但缺乏监管，于是，桂太郎③建议向日本驻华使馆派驻武官负责统一指挥、协调、监管、归口谍报工作。使馆武官处的设立，标志着日本陆军开始在华建立谍报工作的领导和管理机制。"驻在将校"的派驻也开始根据中国各个地区有所区别，在华长期、固定的谍报点开始形成，日军谍报体系化建设初现端倪。1877 年，陆军大尉岛弘毅等人来到北京，以留学生的身份展开情报工作。随后，他又以旅行④的名义来到东北，详细调查了东北地区的军备、物产等情况，并对日本以前编制的东北地图进行了更正。⑤ 岛弘毅后来长期在东北等地收集情报达 11 年之久。⑥

（二）发展期（1878-1892）：管理将校、分驻将校等一系列规章制度建立，情报活动开始有计划、全方位进行

此期间，日本军事间谍开始大规模地进入中国，他们几乎无孔不入，在中国的北京和沿海的各大城市，重要军事要塞附近，清政府的兵营、训练场等地，到处都有他们的影子。1878 年，随着日本

---

① 许金生．近代日本对华军事谍报体系研究 1868~1937．上海：复旦大学出版社，2015．51
② 東亜同文会编『对支回顧録（下）』、原書房、1968 年、42 頁
③ 桂太郎于1870 年赴德国留学，学习军事和军制，1873 年回国进入陆军，军衔大尉。他在山县有朋的领导下从事日本军事近代化改革，被山县有朋视为自己的得意门生和接班人。1885 年，桂太郎晋升陆军少将、陆军省总务局长，1901 年第一次组阁成为日本首相。
④ 日本人在中国的所谓"旅行"，本质就是通过实地考察搜集中国情报。
⑤ 德富蘇峰『陸軍大将川上操六』、大空社、1988 年、139 頁
⑥ 许金生．近代日本对华军事谍报体系研究 1868~1937．上海：复旦大学出版社，2015．51

军制改革的完成，原陆军省参谋局被撤销，参谋本部成立并成为陆军最高指挥机构。参谋本部负责日本对华情报工作，在其领导和组织下，日本在中国逐渐建立起完整严密的谍报网。时任情报本部谍报提理、管西局①局长的桂太郎针对中国谍报工作制定了一系列规章制度，使得对华情报搜集工作日益有计划、多渠道、全方位展开。1879年，桂太郎接受参谋本部委派，同陆军中尉福岛安止到中国，调查中国东北的地理、军事情况。这二人分别写成《斗清策案》和《邻邦兵备略》，后者极大改变了日本对中国的认识，更坚定了日本尽快入侵朝鲜和中国的决心。

1886年，参谋本部派陆军中佐荒尾精②来到中国，在汉口开设了药房"乐善堂"。荒尾精作为一名驻在将校，开创了对以后日本情报工作影响深远的新情报模式，即充分利用日本侨民在当地组建谍报网进行情报搜集。他以贩卖药材和杂货为掩护，将大批日本浪人聚拢在自己周边，开始了细致的情报搜集活动。为了便于活动，他还在重庆、长沙、上海、北京等地开设了乐善堂分店。1888年，陆军大尉关文炳到达山东，目的是侦察威海卫的炮台建设情况，还对威海卫周边地区的道路交通、物资储备状况进行了调查。经过细密的调查研究，他向参谋本部提出了登陆建议，即

---

① 管西局是当时参谋本部内负责朝鲜至中国沿岸情报搜集工作的部门。

② 在日本，荒尾精并不是简单地以一个功勋卓著的间谍而被记入史册，除了在最危险的"敌后"身体力行、出生入死执行间谍任务外，他更多地是被看作一个思想家，一个"兴亚主义"的先驱。日本人称他为"东方问题兴亚大策之中枢人物""东方志士中之泰山北斗"。著名的军国主义头子头山满甚至夸赞他是"每五百年才降世的一大伟人""西乡隆盛之后的一大人杰"。1910年，他的首部传记在日本出版，传记题名是《巨人荒尾精》。甲午战争期间，荒尾精负责两个谍报机构，分别是汉口乐善堂和上海日清贸易研究所。荒尾精最早理清了在华日本浪人错综复杂的关系，并将日本参谋本部与大陆浪人有机结合在一起。当时日本政界的主流观点是"脱亚入欧"，荒尾精则不同，他是典型的亚洲主义者。他的想法是：并非简单征服中国，而是要在征服中国之后整合日中两国的力量实现黄种人的崛起，以对抗西方白种人的殖民扩张。这可以说是"大东亚共荣"思想的早期渊源。在荒尾精等人的努力下，甲午战争失败后的中国不仅没有掀起大规模的仇日情绪和反日行动，反而将"中日亲善"关系从官方到民间都推向了空前绝后的高峰。至今，他的著作仍是日本研究中国的重要参考资料，日本学术界对他的研究也没有停止过。

日本陆军从荣成湾登陆，从陆上对威海卫发动攻击。甲午战争中日本联合舰队能在威海刘公岛海域大胜北洋舰队，这一建议起到了关键作用。① 参谋本部第二局局长小川又次中佐也曾两次深入中国做广泛调查。他撰写了相当全面、具体的《征讨清国策案》，认为清国兵员数量虽多但实力尚弱，主张日本加强军备并在1892年前完成对中国的作战准备，以便时机来到时能够第一时间发起攻击。在该报告的"善后处理"部分，即日本战胜中国之后如何缔结和约，他甚至直接向日本政府提出建议，将辽东、山东登州、舟山、澎湖、台湾以及长江两岸十里以内的区域并入日本版图。这是一份带有对策建议性质、针对性极强的情报成果，足见当时日本情报工作的严谨细致程度以及情报人员的工作热情。1890年，荒尾精在上海成立"日清贸易研究所"，从日本国内招收学生来中国学习，培养谍报技术、语言等知识，为对华情报搜集打下人才基础。该研究所由参谋本部设立，因为"仅靠军方谍报工作无法全面收集清国情报，要借助民间人力和财力弥补这一不足。"② 经过日本间谍、特务长期、周密的大肆情报活动，在甲午战争爆发前，日本对中国各方面情况已经了解得极为准确，特别是清国政府的战争意愿和军事准备情况，日本甚至"比中国人自己更清楚每一省可以抽调多少人出来作战"。③

（三）备战期（1892～1894）：情报活动保障对清作战计划制定，目标鲜明，指向性强

参谋本部次长、陆军中将川上操六以日本派出的间谍、特务为耳目，基本掌握了中朝两国甚至整个东亚和西欧的动态，能够准确

---

① Banno Junji. China Experts in the Army, in The Japanese Informal Empire in China. 1895～1937, edited by Pete Duus, Racoon H Myers, and Mark R Peattie, Princeton, Princefin University Press, 1989.

② 小林一美「明治期日本参謀本部の対外諜報活動——日清、義和団、日露三大戦争に向けて」，『東アジア世界史研究』，汲古書院，396頁

③ 丁名楠等. 帝国主义侵华史：第一卷. 北京：人民出版社，1973.56

把握当时的国际形势、发展变化趋势以及西方大国对于日本、清国的态度。不仅如此，川上操六也曾亲自来华搜集情报。1893年4月，他从日本东京出发，经朝鲜汉城（2005年，韩国政府将韩国首都中文翻译名称正式改为"首尔"）、烟台最后抵达天津。清国时任直隶总督李鸿章将他视为贵宾，不仅带他参观清军军火工厂和军事设施，还带他到天津武备学堂观看炮兵战术及步兵操练，最后到北塘炮台参观山炮训练。经过如此三个月的"考察"，川上操六完全掌握了清军的军火生产能力、军事装备水平以及部队训练状况，目睹清政府的腐败与中国军队的涣散，更"确信中国不足惧，增强了必胜信心"①。

就在甲午战争爆发前，参谋本部又派遣神尾光臣，海军派遣井上敏夫、泷川具和等人到中国加紧搜集情报。井上敏夫作为当时日本驻华公使馆的海军武官，亲自就渤海湾和大连湾的航道情况、旅顺和威海卫要塞的建设情况、天津和塘沽等地的地形地貌情况进行侦察，并对这些地区的地理、水文数据和中国军队驻扎、布防情况进行了详细记录。驻天津的海军武官泷川具和，在甲午战争临近爆发的1893年，向日本报告了当时清政府正举国上下筹备西太后的60岁万寿庆典、并无任何特别战争准备这一关键情报。日本因此得出判断，如果此时日中两国开战，清政府一定无意决心抵抗并会做出较大让步以结束战争，由此，日本加速了对清政府发动战争的进程。②甲午战争前，泷川具和还乘船沿渤海海岸线航行数十日之久，详细勘察渤海各海口的水深、沙滩、岸上交通等情况，为后来日军选择登陆地点提供了有力依据。③此外，考虑到围绕朝鲜作战，双方的主要作战力量要依靠海军，因此日本间谍还重点搜集了清政府海军，主要是北洋舰队的相关情报。

甲午战争爆发前夕，日本外相大隈重信曾直言不讳，"日本洗雪

---

① 德富猪一郎编著『陆军大将川上操六』、日本第一公论社、1942年、107页
② 戚其章．甲午战争国际关系史．北京：人民出版社，1994.196
③ 宗泽亚．日清战争1894—1895．北京：世界图书出版公司，2012.178~179

1884年所蒙受的耻辱①的时刻已经到来"。他认为，只要日本能够有效利用当时的绝好国际形势，抓住时机，就可以成为被朝鲜、中国和其他国家敬畏的强大帝国。② 为保证作战计划的顺利实施，日本情报部门为前线部队提供了包括朝鲜、东北三省和渤海湾在内的大量精确作战地图，地图上地名、方位、坐标等信息均非常准确、详实。③ 这些地图为日本战前制定切实可行的战略方针和战争计划提供了最基本的素材，也成为日本蓄意侵略中国的证据，证明甲午战争是日本一次有意图的、精心策划的侵略行动。④

第二节　日俄战争决策中的情报保障

日俄战争是人类社会进入20世纪后帝国主义国家间的第一次大规模战争。日俄两国都野心勃勃，各自推行"大陆政策"和"远东政策"，积极实施对外侵略扩张。日本想控制朝鲜及满蒙，进而实现其征服亚洲乃至世界的梦想，俄国要争夺中国东北、朝鲜的控制权并实现称霸远东的目的，日俄两国的既定侵略扩张目标产生了冲突，二者政策之间有着不可调和的矛盾。为解决矛盾，两国在中国国土上进行了一场对决，结果日本凭借优质高效的情报工作以及累积的其他战场优势战胜了强大的俄国。

出于对俄战争的需要，早在甲午战争期间日本军方就投入大量人力物力，利用战争优势进一步公开搜集中国东北部地区的地理地貌情报，在满洲⑤、山东、台湾等各地测绘制作了更加详细的军用地图，也揭开了日军对华专业监测的序幕。这些军事地图在后

---

① 指1884年日本意图侵略朝鲜，派人来华与李鸿章谈判，被李鸿章断然拒绝一事。
② 丁名楠等.帝国主义侵华史：第一卷.北京：人民出版社，1973.332
③ 宗泽亚.日清战争1894—1895.北京：世界图书出版公司，2012.178
④ 丁名楠等.帝国主义侵华史：第一卷.北京：人民出版社，1973.331
⑤ "满洲"本身具有地理和民族的双重意义，本书此处作为地理名词使用。作为地理名词，满洲是中国清朝发祥地的原有名称，指代清朝东北方向的领土，其面积较之现在的中国东北三省要大得多。

来的日俄战争中发挥了巨大作用,对于制定对俄战争方针和具体作战计划帮助很大,也成为日俄战争中日本打败强敌俄国的重要保障。

一、日俄战争前日本对战略环境的判断

20世纪初,日本在远东地区与俄国展开激烈角逐。通过长时间的对俄情报活动,日本基本掌握了俄国虚实,通过对敌我力量进行对比和对西方列强态度进行分析,日本审时度势并制定了针对性极强的对俄策略。日本抓住当时俄国政权不稳的弱点,在其后方展开强有力的情报谋略活动,搅动俄国社会更加动荡不安。在外交上,日本拉拢有意共同针对俄国的英美两国,塑造对其有利的国际环境。

(一)国际环境

首先,日本与英国结成同盟,并确信美国、德国等西方大国均不支持俄国。1900年,中国爆发义和团运动,俄国抓住八国联军侵华这一有利时机,出兵侵占中国东北并企图独霸东北,使得远东地区国际矛盾激化,尤其俄英两国关系急剧恶化。面对共同的潜在敌人俄国,日英两国迅速达成共识。为阻止俄国在远东扩张并维护自身利益,英国积极支持日本对俄国发动战争。1902年,日英两国签署了《日英同盟协约》[①]。与英国结盟的同时,日本还极力拉拢美国和德国,寻求支持。美国打出"门户开放"的口号,主张中国东北应对各国开放,不希望俄国独占。美英两国出于自身利益的考虑,均支持日本对俄开战。日本还从英国和美国募集到大量钱款用于对俄作战,如果没有英美两国明里暗里的支持,日本根本没有能力对

[①] 协约规定:两国相互承认对方在中国及朝鲜的特殊权益;协约中的一国因在华或在朝利益受到侵犯与第三国发生战争时,另一国应严守中立;若第三国实力超过协约中的一国,另一国应出兵援助。

俄发动这场战争。① 德国和俄国之间原本就存在复杂矛盾。② 法国虽支持俄国，但由于自己国内政局不稳，即使反对日英结盟也无可奈何，更不可能因为俄国而与英国交恶。中国在甲午战争失败后一蹶不振，答应了日本政府提出的日俄战争爆发时应保持"局外中立"的要求，甚至置国家主权与人民财产于不顾，为战争专门划出一块交战区。至此，在战争尚未爆发时，俄国就已经陷入了外交孤立，日本则打造出一个非常有利的外部环境，在外交上处于优势地位，并坚定了对俄开战的决心。③

其次，俄国展现强势扩张态势，希望单独控制朝鲜和中国东北，日本认为俄国是威胁其国家安全的第一假想敌。甲午战争后，俄国联合法国和德国共同向日本施压，迫使日本将辽东半岛④归还中国。随后，从1896年开始，俄国利用清政府的"联俄反日"心理，诱使清政府签订了《中俄御敌相互援助条约》（简称中俄密约）及其他一系列条约，从中国攫取了修建铁路等大量特权。⑤ 1898年，俄国舰队强占辽东半岛的旅顺、大连后与清政府签订《旅大租借条约》，并将中国长城以北划定为势力范围。俄国从日本手中夺走其打赢甲午战争才获得的辽东半岛并且据为己有，使日本感觉蒙受奇耻大辱。俄国借出兵镇压中国义和团运动之机占领中国东北全境后，日俄两国在远东的矛盾达到白热化程度。此后，俄国不仅在中国东北展现出咄咄逼人的扩张态势，还积极在朝鲜扶植势力，力图将日本势力赶出朝鲜。

---

① 吕万和. 简明日本近代史. 天津：天津人民出版社，1984. 183
② 德国希望俄国在这场战争中受到削弱，从而减轻俄国在欧洲所产生的威胁，两国说是宿敌也不为过。美国政府把日本看成是"俄国在远东的一个巨大平衡体"，支持日本发动对俄战争以削弱俄国。
③ 过毅，高鹏主编. 20世纪重大战略决策选评. 北京：军事科学出版社，2004. 10~11
④ 日本称辽东半岛为"奉天半岛"。
⑤ 俄国为更有效地攫取中国东北利益并控制东北亚局势，欲在中国东北修筑铁路，让西伯利亚铁路穿过中国直达海参崴。

（二）国内环境

首先，甲午战争结束后，日本获得巨额战争赔款并获得价值不菲的战利品，其中赔款大部分用于战备。清政府给日本的2.3亿两白银赔款①，除了天皇所在的皇室拿走大约6%，教育基金和灾害处置拿走大约6%以外，其余全部用作军费。此后，由于"三国干涉还辽"②事件的影响，日本提出卧薪尝胆的口号，进行了以扩军备战为中心的"甲午战后经营"。日本军事预算急剧增大，即使财政收入不断增长还大幅增加税收，以保证日本军备扩张的规模。日本积极准备对俄一战，欲夺回朝鲜与满蒙并称霸远东，实现其大陆政策。经过大约十年的战争准备，日本国力强劲，军需工业能力显著提高。日本一跃成为远东军事强国，陆海军扩张迅猛，这为发动对俄战争打下了物质基础。

其次，军人地位升高，军部③在国家政治体制中确立优势地位。在甲午战争前，日本军人地位低下，民众对于征兵的直观认识就是投入到性命攸关的战斗，就如同上断头台一般。1872年，日本颁布《征兵诏书》，建立了近代常备军。但是，第二年开始征兵时遭遇日

---

① 《马关条约》规定，清政府赔偿日本2亿两白银，赎回辽东半岛3000万两，总共2.3亿两白银。但是，实际支付的数量比这要多，因为还有延期付款的利息大约3000万两。赔款总共折合日元36525万日元，其中2000万用作皇室经费，2000万用作教育基金和灾害预备费，其他的32000多万日元，除部分用于偿还甲午战争的公债外，剩余的全部用作军费。参见［日］井上清．日本历史——"国史"批评．阎伯纬译．北京：三联书店，1957．225

② 甲午战争后，中国清朝政府与日本明治政府于1895年4月17日签署《马关条约》，条约中包含割让辽东半岛给日本的内容。日本在朝鲜和中国的扩张引起蓄谋侵占中国东北已久的俄国极大不满，于是决定联合德国、法国阻止日本占领辽东半岛。德、法两国以同盟伙伴身份积极响应俄国的提议，共同向日本施压。三国向日本发出"友善劝告"施加政治压力的同时，三国海军还出现于日本海岸附近施加军事压力。日本被迫与三国达成协议：清朝政府支付3000万两白银作为赔偿，以换取日本归还辽东半岛。俄、德、法三国干涉还辽的外交胜利，反映出当时紧张的欧洲关系。也正是从此以后，列强开始瓜分中国。

③ 军部：通常指近代日本陆海军的领导机构，即后来的军令、军政和教育机关的总称，它是与政府中的国务或行政部门相对而言的。

本民众的反感和抵制，日本民众甚至发动"血税起义"① 捣毁兵站。这反映出当时日本国民的国家意识不强的现实。然而，甲午战争的胜利极大改变了日本国民对战争的认知，民众的战争热情空前高涨，军人地位也如日中天提高许多。日本社会形成"军队万岁，军人是守护神"的集体认知。日本举国欢庆，国家主义和民粹主义得到大发展。民众对战争的支持与肯定奠定了日本走向军国之路的社会基础。② 此后，军部全面确立在国家体制中的优势地位，统帅权独立、军事优先的做法得以一直延续。许多社会学者和文化名人均开始肯定战争，例如本是自由主义者、提倡自由民权思想的著名记者德富苏峰③。受到战争胜利的影响，德富苏峰此后表现出强烈的国家主义，在日俄战争前大力鼓吹开战的种种好处，赞颂军人美德，与之前判若两人。

最后，对俄采取强硬立场，拉拢西方国家，强硬应对俄国占领中国东北的事实。为了与俄国争夺中国东北和朝鲜这两块战略要地，日本不仅在军事上积极备战，还吸取"三国干涉还辽"的教训，竭力开展外交活动，争取西方帝国主义国家的支持。俄国独霸东北的企图使远东地区大国间矛盾急剧恶化，英国利益受到损害。本着敌人的敌人就是朋友的原则，日本立即与英国结盟，并拉拢美国、德国一起针对俄国，采取了"远交近攻"的军事外交策略。④

---

① 日本明治维新后的征兵布告上写有"血税"字样，即国民以生命、鲜血报效国家的意思。这引起日本民众的误读，民众不知其意，以为真要榨取活人的血肉卖给外国人或榨取葡萄酒，类似这样的种种谣言在日本社会流传。

② 宗泽亚. 日清战争 1894～1895. 北京：世界图书出版公司，2012. 311

③ 德富苏峰本名德富猪一郎，是日本著名的作家、记者、历史学家和评论家。他是继福泽谕吉之后日本近代第二大思想家，鼓吹极具侵略性的皇室中心主义。他是日本右翼思想家的典型，当今日本右翼思潮和政界的思维与其思想一脉相承。他起先是自由民权运动的积极倡导者，攻击藩阀政治，宣扬自由民主，提倡平民主义，这对于当时的日本社会具有积极意义。但在甲午战争前后，他急速转变立场，成为狂热鼓吹对外侵略扩张的帝国主义者。从"征清"到后来的侵华，主张"日本海外雄飞论"的他一直是战争舆论的制造人。《大日本膨胀论》是德富苏峰对外扩张及侵华理论的代表作。

④ 过毅，高鹏主编. 20 世纪重大战略决策选评. 北京：军事科学出版社，2004. 9

二、国家战略目标：控制中国东北和朝鲜半岛，确立远东霸权

《马关条约》中割让辽东半岛给日本的条款引起俄国不满。为获得不冻港旅顺并进一步控制中国东北地区，俄国联合法国、德国对日施压，迫使日本归还辽东半岛。之后不久，俄国凭借"还辽有功"，攫取了在中国东北修筑中东铁路①及其支线等特权，又强行向清政府租借了旅顺和大连。因此，日本对俄国心生怨恨并伺机报复。日本经过十年准备，国力和军力大增，决心取代俄国在东北的独大地位，重新确立霸权。针对对俄战争，日本专门制定了战略方针：利用俄方准备不足，在准确掌握俄军动向基础上发动突然袭击，并一举歼灭俄国太平洋舰队，夺取制海权；陆军在朝鲜和辽东半岛登陆，速战速决并占领旅顺口；在俄国援军抵达远东以前，集中日本地面部队主力，歼灭辽阳、奉天地区的俄军。

三、情报辅助战争决策的功能得以充分和有效发挥

日本对情报工作的重要性有着清醒认识，在情报工作的组织实施上也经验丰富。甲午战争后，战争决策中的情报保障工作得到日本政府的进一步重视，参谋本部设立了专门的情报领导和协调机构，参谋本部次长川上操六具体负责情报工作的组织和实施。在政府支持下，各个情报机构蓬勃发展，甚至发展到已经能够影响决策层制定对外侵略政策的地步。内田良平②曾经向当时日本陆军参谋次长儿

---

① 中东铁路是连接长春和大连的一条铁路。
② 内田良平是黑龙会的创始人。1894 年，内田良平加入日本的右翼团体"天佑侠"，赴朝鲜进行颠覆活动。他在朝鲜故意挑起纷争，激化朝鲜各阶层矛盾，策动朝鲜东学党起义。东学党起义后，清国应朝鲜请求出兵镇压，日本以此为借口出兵朝鲜，甲午战争爆发。1901 年，内田良平组织了黑龙会。

玉源太郎①建议,可以借日俄战争的机会侵占整个勘察加半岛并控制东北亚地区。

(一) 人力情报是对俄情报主要来源,民间情报力量发挥重要作用

受当时技术条件和历史传统的限制,人力情报是日本对俄情报搜集的主体。黑龙会等右翼团体派出的浪人、陆海军派出的乔装打扮的军人、在中国长期驻扎的驻屯军、在中国东北和俄罗斯西伯利亚地区生活的日本人等是当时主要情报来源。为取得对俄作战的胜利,大量间谍潜伏在中国东北,侦察俄军军情,搜集俄国相关情报,并在西伯利亚设置大量调查机构。日本间谍诡计多端,以各种身份为掩护,采取各种手段搜集对手情报,甚至连日本妓女也在刺探情报方面发挥了独特作用。② 日本情报工作无孔不入,不仅有专门的间谍团体在积极准备对俄开战,当时旅居西伯利亚、中国东北和朝鲜的许多如伊木壮之助③这样的普通日本人也自发从事间谍活动,为日本政府和军队搜集情报。日俄战争中,伊木壮之助自愿给日本军队当俄语翻译,战后,为继续刺探俄国情报又选择侨居西伯利亚。

明治维新后,原来的武士大批失业并无所事事,组成了不少右翼的秘密社团。这些右翼组织承担政府和军队下达的情报搜集任务,充当日本侵略战争的急先锋。1881年,日本右翼的鼻祖头山满创立玄洋社。他积极策划侵略中国和朝鲜,意图分裂中国东北和蒙古。

---

① 儿玉源太郎是日本近代陆军名将,被誉为明治时期第一智将,是侵华的罪魁祸首之一。他精于全局设计,是穿着军装的政治家,与桂太郎、川上操六并称明治陆军三杰。在日俄战争中,儿玉源太郎是攻克旅顺口的实际指挥者,是满铁的实际创立者。

② 例如1903年,日本妓女安藤芳来到哈尔滨,专门诱骗俄国军官。被一俄国将军纳妾后,她从其俄国丈夫处偷出一份军用地图,连夜逃往北京送给日本驻华公使馆。这是一张俄军在东北地区的兵力分布详图,记载着俄军在东北地区的驻军地点、防御工事、物资储备等重要情报,这张地图为日本了解俄军情况提供了极大便利。

③ 1896年,伊木壮之助的哥哥、海军大尉伊木壮次郎潜入海参崴进行间谍活动,不幸被俄国宪兵发现后自杀身亡。伊木壮之助听闻哥哥的死讯后愤而辞职,只身潜入西伯利亚刺探俄国军情,并义务为日本海军军令部提供情报。

他推行国权主义，与日本军部右翼势力沆瀣一气，派出大量间谍到中国尤其是东北地区搜集情报并大搞颠覆活动。后来，由于中、俄两国政府针对玄洋社向日本提出抗议，以谍报见长的玄洋社渐渐失去了影响力。1901年，当时年仅26岁的内田良平成立了黑龙会①，取代玄洋社负责对外国的情报搜集。

在中国东北，黑龙会成员装扮成中国人或朝鲜人进入旅顺港，作为码头工人、手艺人、电工或旅馆行李搬运工进行情报搜集，搜集到的情报则送往参谋部。②根据多年在中国东北和西伯利亚地区活动调查的资料，黑龙会绘制出版了一部《最新满洲地图》，该地图制作精细，内容详实，连满洲铁路沿线的小路、村庄、物资、行政设施、军事设施都被清晰标注出来并带有使用说明。日本外务省和陆军部购买了数百部该地图分发给驻外使馆人员和作战部队使用。1903年5月，根据内田良平等人多年的调查积累，黑龙会又绘制了《俄国东方经营部面全图》。地图号称"军队的眼睛"，这两部地图在后来的日俄战争中起到了不可估量的作用。被誉为黑龙会五大调查员之一的小越平陆通过对西伯利亚和中国东北的多次亲身考察，写成了《白山黑水录》和《对满意见书》，并提交给日本军部，这两本书成为日本统帅部对俄作战决策的重要依据。③

大批浪人加入此类秘密社团，凭借为天皇尽忠的决心和无所畏惧的勇气，他们分散到中国、俄国的各个角落进行情报活动，有些人甚至成为一流的特工或者谍报人员。他们在情报搜集方面取得了巨大成绩，与隶属日本政府和军队的正式情报机构的人员相比都毫不逊色。比如潜伏在圣彼得堡，假装成流浪汉的小太夫，他在极端恶劣的生活环境下仔细观察俄国政治、经济、社会、民风等各种情

---

① "黑龙会"以中国黑龙江命名，活动宗旨即为日本对俄作战与侵华战争服务。其成立宣言为："首先在于同俄一战，击退帝俄，使满洲、蒙古和西伯利亚连成一片，以建设经营大陆的基础。"

② [法]让·比埃尔·阿莱姆. 古今谍海秘闻. 陆福忱译. 北京：新华出版社，1992. 250

③ 王希亮. 近代西伯利亚和远东地区日本谍报活动评述. 西伯利亚研究，2003（4）

况。一年之后他回到日本，成为"关于俄国那个陌生、幅员辽阔而不可预知的国度的一部活百科全书"①。

（二）对俄情报工作布局早，重视情报技能培训

日本对俄国的情报搜集活动并非在甲午战争之后才开始，日本早就将俄国视为战略对手，对其进行了长期的情报积累。早在1885年就有日本间谍对海参崴附近的地形地貌进行调查。当时日本的驻俄公使和武官也搜集整理了大量该地区的山川地势、风土人情等资料并上报日本政府和军部。此后，日本对俄国的情报侦察活动频度愈发密集。由于日本间谍性格多为吃苦耐劳并且意志坚韧，进入艰苦的西伯利亚地区后也能扎根生活并同当地居民建立起牢固联系，由此形成完整、细密的情报网，使得"俄国军队的任何行动都难以隐藏"②。

1897年俄国强租旅顺港后，日本海军军令部立即命令第三班对俄国海军太平洋舰队的实力、动向，以及旅顺口基地的驻泊和设防情况展开侦察。日本间谍扮成厨师、佣人、饭店服务员、理发师等，潜入俄国舰队驻地和军舰，搜集俄海军兵力部署、港口防御等情况，并源源不绝地将此类情报送回日军大本营。③日俄战争前在中国东北，"每十个干活的工人中就有一个是日本的间谍"④。日本间谍陆军军人冈野增次郎成功地绘制出"旅顺要塞海陆两正面炮台堡垒略图"和"旅顺要塞海陆兵营位置图"等多部军事地图。日俄战争爆发后，他再次潜入旅顺口，收买炮台堡垒工程师对上述地图进行了修正和补充。这些图纸在日军攻击旅顺口时起了重要作用。

情报人员不仅是国家安全的卫兵，更是决策者的谋士与助手。对于情报工作而言，最重要的是具有扎实的知识功底，有良好的情

---

① [英]理查德·迪肯.日谍秘史.姜文灏，赵之援译.北京：世界知识出版社，1984.28
② [法]让·比埃尔·阿莱姆.古今谍海秘闻.陆福忱译：北京：新华出版社，1992.245
③ 夏阳.谍中谍——世界百年特工战争.北京：中国人民公安大学出版社，1998.39
④ Evgeny Sergeev. Russian Military Intelligence in the War with Japan, 1904 – 1905. Routledge. 2007，p. 29.

报分析和判断能力，有较强的情报意识，热爱情报事业的人，只有人是情报工作的主体。在人才培养方面，日本历来重视情报人员的情报技能培训。1896年，参谋本部在北海道的札幌开办了第一所针对俄国的间谍学校——俄华语学校，名义上是外语学校，但其实是间谍学校，大批军人和民间志愿者在此接受了系统的间谍训练。截至日俄战争爆发，该学校总共开办了五年并培养了大批对俄情报人才。① 此后，日本开始大量建立情报点进行有组织的调查活动。② 这些挂着各种招牌做掩护的情报站调查整理出了大量有用的风土人情、兵要地志资料。1897年，川上操六率领青木宣纯③等军官深入中国东北和西伯利亚进行实地考察，并在这些地区设立情报站，侦察中俄边境一带的兵要地志和其他情报。川上操六一手创建了菊地照相馆、京都西本愿寺海参崴分院、辽南谍报站、旅顺口情报站等情报站点。④ 这些情报站点之间互相联络、相互配合，搜集了大量西伯利亚和中国东北地区的军事、经济、地理等各个方面的情报，为日后的对俄战争打下了坚实的情报基础。

（三）重视情报交换与合作，利用他国进行情报活动

日俄战争中，日本不但发动本国情报机构和国民投身于情报活动中，还积极施展外交手腕，联合他国共同搜集情报，有效弥补了情报工作的薄弱环节。例如在搜集俄军情报方面，日本得到了清国重臣袁世凯的支持。1902年2月，随着日俄矛盾的升级，日本参谋本部次长田村怡与造少将率小山秋作大尉到中国"考察"时，专门到保定秘访北洋大臣兼直隶总督袁世凯。双方达成在搜集俄国情报方面互相配合的秘密协定，袁世凯得到的情报要全部交给日本参阅。

---

① 吴童. 谍海风云——日本对华谍报活动和中日间谍战. 北京：中共党史出版社，2005. 57

② 其中最重要的有海参崴柔道馆、京都西本愿寺海参崴分院、伯力竹内商店、海参崴扶桑馆旅店、伊曼杂货店和海兰泡照相馆等。

③ 青木宣纯极为善长情报搜集，官至陆军中将，被称作"谍报将军"。川上操六创建了日本在远东地区的情报网，被日本右翼势力誉为"东亚先觉第一人"。

④ 王希亮. 近代西伯利亚和远东地区日本谍报活动评述. 西伯利亚研究，2003（4）

双方还制定了一项有关使用电报相互交流情报的协议①，在之后的日俄战争中得以执行，对日军作战帮助很大。1903年，受参谋本部委派，青木宣纯再次来到中国。青木宣纯曾担任北洋军教官，这次是以驻华使馆副武官的身份前来，目的并非窥探情报，而是与袁世凯商量两国建立联合情报机构的相关事宜。袁世凯出于"联日拒俄"和维护东北主权的考虑，从北洋军中挑选了包括后来直系军阀头目吴佩孚在内的十几名士官，与日方成立了联合情报侦察队。此外，袁世凯还通过其日本顾问坂西利八郎，将掌握的东北和蒙古地区俄军情报转送到日本的天津驻屯军司令部，该司令部在当时是日本华北地区谍报活动的指挥中心。

英国与俄国之间的矛盾也被日本利用并大做文章，依托在华英国人为日本搜集情报。② 战争初期，一个在旅顺经营木材公司的英国间谍搜集到大量旅顺基地俄国舰队的情报，包括军事部署、防御措施等。袭击旅顺口前，日本军令部即掌握了俄国舰队在旅顺港的停泊位置，为接下来发动突然进攻做好了准备。

第三节　侵华战争决策中的情报保障

日俄战争的胜利将日本军国主义推向一个新的高度。军部和军人的地位进一步提升，对内阁的控制进一步加强，日本政府在战争决策中的话语权日益式微，军部在发动战争时几乎不受国内政府的制约。日本统治阶级大肆宣传战争胜利与军人荣誉，日本民众被所谓的胜利果实麻痹，自觉或不自觉地被统一到军国主义的洪流中。日俄战争的胜利刺激了日本继续扩张的野心，推动了日本国家主义、民粹主义的发展并直接导致军部失去控制，独揽国家大权。日本法

---

① 在袁世凯、日本立花小一郎少佐、北京日本驻华使馆武官室及守田大尉之间，设置有一个特别的电报密码，专门用来互相联络沟通。
② 日本利用日英之间的同盟关系收买英国人搜集有关俄国的情报，而英国人为了遏制俄国在中国的势力，也愿意为日本人提供军事情报援助。

西斯对于侵华战争蓄谋已久，其侵华阴谋背后是长期不间断的对华情报活动，情报在日本侵华决策和制定战争计划等过程中发挥了重大作用。

一、侵华战争前日本对战略环境的判断

（一）国际环境

首先，英、法、美等世界强国对日本的侵略扩张态势采取放任态度。当时国际社会绥靖之风盛行，西方大国对日本的侵略行为姑息纵容，没有及时进行施压和制裁。"九一八"事变发生后，英美列强从自身利益出发，认为日本是远东地区对抗俄国扩张的前哨基地，期待日本占领满洲后继续北上进攻苏联，因而对日本采取了姑息态度，并未给予国民党政府所希望的那种公正的国际调停。[①] 绥靖政策纵容了日本的侵略野心，使它在军事冒险上更加肆无忌惮，最终走上全面侵略中国的道路。

其次，世界经济危机发生后，日本和西方大国均想方设法转嫁危机。1929年，世界资本主义爆发经济危机，经济危机最先在美国爆发，而后迅速蔓延到日本和西欧各国。直到1936年，资本主义各国的生产和就业情况才渐渐好转。然而，1937年下半年，资本主义世界爆发了新的经济危机，尚未完全从上次危机中恢复过来的英、美、法等西方国家为转嫁危机，企图用牺牲中国的方法求得与德、意、日达成妥协，将其侵略矛头引向苏联，因而采取"不干涉""中立"等绥靖主义政策，并大量向日本输送战略物资。对于美、英、法这种态度和举措背后的考虑，日本心知肚明。侵占中国东北，已经破坏了美、英帝国主义主宰的亚洲太平洋地区的秩序，严重触犯了英、美的既得利益，英美等国没有采取激烈的措施反而加以纵容，目的是想换取日本由"南进"争夺太平洋改为"北进"进攻苏联。英、美忙于应付自身经济危机无暇他顾，这是日本实施全面侵

---

① ［日］井上清. 日本军国主义：第三册. 姜晚成译. 北京：商务印书馆，1985. 256

略中国的难得机会。①

最后，中国政治腐败、软弱可欺的历史印象与国民政府的不抵抗政策助长了日本侵略扩张的嚣张气焰。中国取得辛亥革命的成功后虽然名义上是统一国家，但很快陷入军阀混战和激烈政治斗争之中，始终是一盘散沙的局面。日本选择此时侵占中国东北，无须担心国民党政府激烈应对，更不担心中国会举国反抗。此外，通过密布的情报网和强大情报能力，日本掌握了国民党政府当时的"剿共"中心任务与对日片面抗战、单纯防御的战略方针，其侵略野心更加膨胀。西安事变后，国共实现联合，中国抗日民族统一战线成立，中国军民空前团结一致抗日。在这种情况下，日本非但没有知难而退，反而感受到应迅速扩大战争的紧迫性，加速了全面侵略中国的步伐。

(二) 国内环境

首先，日本经济迅速发展，国力大幅提升，国际地位显著提高。日俄战争后，日本拥有了朝鲜、库页岛南部以及中国的辽东半岛，加上甲午战争后从清政府手中攫取的台湾，日本快速成长为一个殖民帝国。日本财阀大发战争横财，日本国内掀起投资热潮，重工业得到快速发展。随着第二次工业革命的展开，日本资本主义得到迅速发展，日本成为经济强国。随着日本工业化的逐步推进，其经济发展对国内市场的依赖减少，逐渐转向出口，同时以军事工业为核心的重工业，如造船、钢铁、煤炭、机械等行业获得快速发展。第一次世界大战爆发后，日本趁火打劫对德宣战，攫取了其在中国的所有权利。另一方面，早在1906年初，日本的驻外使馆均由公使馆升格为大使馆，这代表着日本国际地位得到显著提高。控制着日本经济命脉的财阀、大资本家为了攫取更多利润，越来越多地干预国家的政治和经济生活。到20世纪20年代，日本进入帝国主义阶段。

其次，军国主义盛行，战争体制形成。经过甲午战争和日俄战争的胜利，日本国内舆论已经形成了对外扩张的空前一致，坚定了

---

① 王高生，崔梦社. 日本全面侵华决策剖析. 国防大学学报，1995 (8)

以战争手段推进现代化的决心。经济危机带来的社会矛盾又极大推动了日本法西斯主义的发展。经济危机彻底阻断了日本国内的政治民主化进程以及"协调外交"①政策的实施。军队中的下级士官多来自农村,他们看到城市中达官贵人的奢靡生活并对比家乡的悲惨场景,被法西斯理论中的"反权贵""反资本家""救济农村"的口号吸引,积极要求对社会体制进行改造和革新,并不惜采取极端手段。军部中的法西斯分子在国内制造了一系列暴力恐怖活动②,这些事件造成日本法制和民主的丧失,政党内阁时代结束,日本成为彻头彻尾的军国主义国家。

最后,地震和经济危机的爆发,使日本决定再次发动战争以转嫁国内危机。1923年,日本关东地区发生7.9级强烈地震。地震造成35万人伤亡,200多万人无家可归。出于震后救灾需要和恢复经济,日本向美英等国举债9.1亿美元之多。此后,1929年爆发了世界经济危机,这让受地震破坏的日本经济形势雪上加霜。日本出口和进口物资数量都急剧下降,大批银行和中小企业倒闭,失业工人和贫困人口急剧增加,国内政治危机不断深化,这让日本再次萌生对外发动战争的念头,希望通过一场对外战争来转嫁国内矛盾。为克服这两大灾难导致的经济困难,继续扩大国外市场和抢占资源,日本选择了军事扩张的道路,侵略的矛头直指中国。

二、国家战略目标:先占领"满洲",进而占领全中国

1927年4月,政友会总裁田中义一出任日本第27届首相后,向

---

① 在20世纪20年代日本国内已经产生了法西斯主义理论,但是与其他国家尤其是欧美国家协调的观点尚占据上风,币原喜重郎提出了与大正民主运动相适应的外交政策,即以日本海外权益不受到损害为前提的"协调外交"。

② 如1930年刺杀滨口首相事件,1932年2月刺杀前大藏大臣井上准之助事件,同年3月刺杀三井公司理事长团琢磨事件,5月刺杀首相犬养毅的"五一五"事件,1935年暗杀军务局长永田铁山事件,以及1936年1000多名近卫师团官兵在东京发动叛乱的"二二六"事件等。

天皇提出"欲征服支那，必先征服满蒙，欲征服世界，必先征服支那"的基本国策。他的扩张计划是，首先吞并满蒙，再征服中国全土，然后利用中国资源继续进行侵略扩张，征服印度及南太平洋群岛乃至全世界。该扩张计划是对明治、大正时期大陆政策的进一步发展，暴露了其侵略野心，加速了军国主义机器的运转。在该国策指导下，田中先后三次出兵侵入中国山东，阻止北伐军统一中国，同时希望借出兵解决国内的经济萧条和社会不安问题。1931年，日本关东军蓄意制造借口，发动"九一八"事变，侵占中国东北三省，第二年成立了伪"满洲国"，企图以此为基地吞并全中国，实现其基本国策。

三、情报搜集工作周密隐蔽，情报分析能力有所欠缺

情报为日本打赢日俄战争发挥了重大作用，日本的情报建设在日俄战争后也取得了丰硕成果。经历甲午战争、日俄战争后，日本的对华情报部署已经非常完善，中国的一举一动几乎都在日本掌握之中。

（一）日本的对华情报活动组织严密，计划性强

在驻天津、上海公使馆设置有直属政府外交部的间谍领事和直属大本营的陆海军间谍武官，他们负责汇集、整理中国各地间谍送来的情报并发往日本国内，为对外战争决策服务。日本外派军人间谍的派遣、组织与指挥主要由参谋本部和军令部负责，这些军人间谍或以驻华使馆武官的身份为掩护，或隐藏、伪造身份，秘密刺探中国的各种情报。

1907年《帝国国防方针》① 出台后，日本开始逐年制定谍报计划。②

---

① 1907年，明治政府制定了《帝国国防方针》，一改之前的"守势"国防为攻略和战略统一的"攻势"国防，加快了对朝鲜和中国的侵略。

② 许金生. 近代日本对华军事谍报体系研究 1868～1937. 上海：复旦大学出版社，2015. 386

日本在中国的间谍活动，无论是短期侦察还是长期潜伏，都会事先制订详细计划，精心设计行动方案，规定好谍报的具体对象和任务。侵华战争前，日本专门出台了《对支那军事谍报计划书》，这是长期指导日本谍报人员进行情报活动的纲领性文件，使各类谍报主体始终按照统一的计划行动。① 日本民间的各种间谍机构、特务机构与日本政府、军队互相交往都十分密切，展开包括情报合作在内的各种合作。例如，"满铁"② 自身情报人员不足，需要东亚同文书院③培养的情报人才进行补充，于是1920年，它同东亚同文书院签订协议并制定了派遣生制度，即东亚同文书院为满铁培养情报人才以确保其有人可用。该制度一直实行到日本战败投降，到满铁工作的派遣生总数达到130人之多。④

（二）民间情报活动高效且隐蔽，间谍无孔不入

侵华战争时期，日本各色民间情报团体十分活跃，以满铁、东亚同文书院以及秘密社团为代表的民间情报机构所从事的情报活动成为日本军队和政府情报工作的重要补充。无孔不入的日本谍报机构在侵华战争中充当了重要角色。

始建于1906年的满铁表面上是一家铁路公司，但实际上是日本推行大陆政策、占领并开发满洲的殖民侵略辅助机构。在日本侵略

---

① 许金生. 近代日本对华军事谍报体系研究1868~1937. 上海：复旦大学出版社，2015. 386

② "满铁"是南满洲铁道株式会社的简称。

③ 东亚同文书院，后来也称作东亚同文学校，是日本1900年5月在中国南京开办的为日本培养"中国学"专门人才的学校，1901年迁至上海，1939年升格为上海东亚同文书院大学。在40多年的时间里，该学院在中国培养了近5000名日本学生。这些学生毕业后进入日本的外交界、新闻界、实业界和金融界，为日本的侵略扩张和军国主义服务。东亚同文书院的创始人是荒尾精，他是日本最早侵华间谍机构汉口乐善堂的创始人，是日本近代间谍活动的可谓"专家"。荒尾精在上海建立的日清贸易研究所是日本最早的经济情报搜集机构，同时担负培养间谍任务。1945年，日本投降后东亚同文书院解散。1946年，原东亚同文书院的众多教职员、学会集结到一起，创办了爱知大学并发展至今。

④ 薄井由. 东亚同文书院大旅行研究. 上海：上海书店出版社，2001. 149. 薄井由原本就是日本人，从16岁开始在中国留学，该书是其在复旦大学攻读博士学位时用汉语完成的毕业论文。

东北过程中，满铁被委以重任。从1907年开始，满铁在奉天、哈尔滨、天津等多个城市建立了大量直属总裁的调查机构，搜集日本政府和军队需要的各种信息。随着时间的推移，满铁调查机构不断发展壮大，1940年已达2345人之多，业务能力也越来越强。[1] 起初，它只针对中国东北的历史、地理、资源、物产等进行调查，"九一八"事变发生后，满铁调查机构开始为关东军搜集军事情报及中国抗日武装的动态等。[2] 满铁调查机构不仅是提供情报的决策咨询部门，更是关东军[3]侵略扩张的帮凶，它经常出现在战场第一线，为军事行动出谋划策。[4] 满铁调查课是近代殖民史上情报机构和特务系统的集大成者，前后共向日本政府及军队提供诸如《中国抗战能力调查》《长江沿岸兵要调查》和《远东苏军后勤调查》等调查报告6200多份，积累书籍、杂志、报纸等文献资料50多万件，出版图书和杂志数千种。[5] 满铁的情报渗透能力相当强大，它收买了许多当地政府高层并从中了解重要情报，包括东北军、东北当地政府对日本的态度，日本发动侵略中国可能的反应等。关东军能够仅用半年时间就占领整个东北并实施殖民统治，满铁调查部提供的各项情报发挥了关键作用。

东亚同文书院以"中国学"研究为办学中心内容，教学组织方式极富特色。从1901年到1945年，它每年都组织学生对中国进行名曰"大旅行"[6]的实地调查，调查路线有700多条，调查地点遍及

---

[1] Akihiko Maruya, *The South Manchuria Railway Company as an Intelligence Organization*, 2012, http://csis.org/files/publication/120217_Maruya_SouthManchuriaRailway_Web.pdf, p.3.
[2] 逄复主编. 侵华日军间谍活动纪实. 北京：北京出版社，1993.75
[3] 关东军组建于1919年，前身为南满铁路守备队，因驻扎在中国大连地区的"关东州"而得名。
[4] 石堂清倫『十五年戦争と満鉄調査部』、原書房、1986年、1頁
[5] 胡平. 情报日本. 南昌：二十一世纪出版社，2011.121
[6] "大旅行"是东亚同文学院的校外教育方式。之所以叫"大旅行"，是因为学生要深入中国腹地，走遍中国每个地区的犄角旮旯并深入体察了解国情社情民情。旅行归来之后学生要撰写并上交调查报告，历年大旅行后积累的对中国事无巨细的调查报告——大旅行报告书成为该学院"最伟大的遗产"。

除西藏外中国所有省市和地区，甚至抵达越南、缅甸、印度和俄国远东地区。该院学生在中国各地进行大量调查，通过对公开资料的整理、归纳以及亲身的实地观察体会，形成大量有关中国政情、军情、社情的专题报告，被称为"大旅行报告书"。这些报告均提交到军部和外务省，作为决策层发动战争决策和制定作战方案参考的基础资料。此外，学生还需撰写见闻性质的旅行日志，被称为"大旅行记"。从第七期学生开始，东亚同文书院将所有学生的"大旅行记"加以汇集并编印成书，称为"大旅行志"，以单行本出版发行。这种调查一直延续到"九一八"事变，此后，中国政府不再支持此类调查，尤其1937年中国全面抗日战争爆发后，调查工作只能秘密进行，调查范围也多限于日军占领区。

（三）日本特务机构遍布全中国，大肆进行情报和谋略活动

日本侵略者在中国设立的特务机构数量众多、规模庞大、组织缜密、分布广泛。日本谍报机构的作用突出表现在窃取机密情报、监视中方重要人物、镇压和破坏中国的抗日力量、物色扶植傀儡汉奸并从事各种分裂活动等方面。1916年，关东军在沈阳设立了中国最早的特务机构，1918年又在哈尔滨设立了新的特务机构关东军情报部。关东军情报部同关东军宪兵司令部一样，是从事"秘密战"的组织。"九一八"事变后，关东军又相继设立了很多类似的特务机构，负责监视和调查中国军民的动向，暗中逮捕、杀害抗日积极分子，培养汉奸，监视伪"满洲国"官员等。日军的特务机构中除日本人外，还网罗和收买了很多中国籍特务。如上海日本海军武官领导的"南城"机关，总共65名特务中就有中国籍特务59名，这种现象在中国各个地区的特务机构都不同程度存在。为便于开展情报活动，日军特务机构还设有掩护机构，以贸易公司、出版社、便利店等为掩护进行谍报活动。[①] 庞大而细密的情报网为日军的侵略活动

---

① 如设在上海的"梅"机关下面有五个外围机构：第一工作委员会、第二工作委员会、东南贸易公司、海通贸易公司和富华贸易公司。

提供了强力支持，有力保障了军事行动的展开。

第四节　太平洋战争决策中的情报保障

从 19 世纪末美国在亚洲推行"门户开放"政策开始，美日就互为假想敌，制定了针对对方的作战计划。① 日俄战争时期和第一次世界大战后，美日两国关系有所缓解。"九一八"事变后，日本开始变本加厉地侵犯中国主权和领土完整，这必然影响到美国的亚洲利益，两国关系又开始紧张起来。

对珍珠港的偷袭发生在 1941 年 12 月 7 日凌晨②，自认为日本不会对自己开战的美国被打得措手不及，"陷于一片慌乱之中"③。日本特混舰队对美国设在夏威夷群岛珍珠港的海军基地发动了突然袭击，拉开了太平洋战争的序幕。偷袭开始后不久，日本代表野村向美国国务卿赫尔递交最后通牒。日本政府利用时间差，继中日甲午战争、日俄战争和侵华战争之后再一次实施不宣而战。④ 在发动突然袭击后，昭和天皇发布了《宣战诏书》。他极力掩盖日本政府发动战争的阴谋，以亚洲的解放者自居，不承认主动挑起事端的事实和对外侵略扩张的真实目的。通过这种欺骗方式，日本把全体国民纳入侵略战争的轨道。

一、太平洋战争前日本对战略环境的判断

（一）国际环境

首先，德国在欧洲战场的凌厉攻势和取得的连续胜利极大鼓舞了日本。1940 年春夏之际，德国军队凭借闪击战横扫西欧大陆，法

---

① 刘宗和，高金虎主编. 第二次世界大战情报史. 北京：解放军出版社，2009.147
② 东京时间为 12 月 8 日，凌晨 3 时 20 分左右。
③ 实松让. 情报战. 王云辅，杨坚，张林译. 南京：江苏人民出版社，1981.1
④ 米庆余. 近代日本的东亚战略和政策. 北京：人民出版社，2007.392

国、荷兰相继投降，英国陆军丢盔弃甲返回本土，困守英伦三岛。因此，英国、法国、荷兰在远东地区的力量变得薄弱，东南亚地区的殖民地守备空虚。美国忙于支援欧洲各国的抗德战争，无暇关注东亚地区态势。日本盲目相信依靠德国才能达成称霸亚洲的目的，于是1940年9月，《德、意、日三国同盟条约》[①] 在柏林签字，三国同盟关系将欧亚战场连为一体，对美国的全球利益和国家安全构成挑战。

其次，日本日益明显的南下侵略趋势严重刺激了当时的美英两国，两国政府开始对日本的企图表示严重关注。1941年4月，日美两国准备开始谈判时，日本占领了整个印度支那并将其作为战略物资供应基地，这使得美日间矛盾进一步加剧，美国对日本的扩张野心也有了明确认识。美英等国强烈要求日本从中国撤军，以限制废钢铁和石油出口等方式进行威胁，向日本发出明确警告信号。由于美国当时国内孤立主义势力的影响，没能通过对日本的大规模制裁，但决定限制飞机、航空燃油、军事器材等对日出口，用所谓"道义禁运"[②] 向日本施加压力，希望日本就范。[③] 日本对此不加理会，继续一意孤行，于是美国冻结了日本资产，进行更大力度的经济制裁。日本的战争物资基本靠进口，其中一半以上是从美国进口，美国冻结日本资产使日本面临生死存亡的严重关头。[④] 日美两国矛盾日益激化，日本急于掠夺东南亚的战略资源以维持侵华战争，这导致了太平洋战争的最终爆发。

再次，中国战场陷入僵持状态。日本法西斯曾叫嚣三个月灭亡

[①] 早在1936年日本已经与德国签订防共协定，两国的关系日益密切。

[②] 由于日本全面侵华会对美国造成巨大利益损失，美国并不希望日本破坏中国的领土和行政完整。1938年7月，美国宣布对日本在道义上实施飞机禁运。这是美国向日本发出的一个明确警告信号，但日本不为所动。

[③] 美英等国分析后认为，日本发动战争完全没有取胜的希望，根本不应轻易言战，唯一可以做的事情是坐下来老老实实和他们谈判，实现和平。

[④] [日]服部卓四郎. 大东亚战争全史：第一册. 张玉祥等译. 北京：商务印书馆，1984. 174

中国，但这只是妄想，并没有成为现实。究其原因，一方面在于中国军民的浴血奋战和顽强抵抗，另一方面在于美国向中国提供的大量援助。中国最大限度地牵制了日本的"北进"和"南进"战略，符合英美在远东的利益，因此在中国问题上，美国支持中国并与日本针锋相对。日军深陷中国战场泥沼，很难看到侵华战争取胜的希望，国家资源陷入无限消耗。到了1941年夏季，中国战事了结无望，日本经济情况恶化，战略物资尤其石油储备接近耗竭。

最后，日本决意采取"北守南进"方针，同苏联签订《日苏中立条约》，希望借此尽量稳住苏联，避免两面作战。1939年日本在中蒙边境上挑起诺门坎事件，与苏联爆发了武装冲突，由于双方在军事力量上的巨大差距，日军败北并被迫放弃北进计划，转入对苏防御。此役后日苏达成和平协议，日本确信苏联暂时没有对日开战意图。1941年4月，同样出于避免两线作战的考虑，苏联同意与日本订立中立条约并停止援助中国。1941年6月，德国向苏联发动了进攻。德苏战争爆发后，日本彻底从北方苏联的沉重军事压力下解脱出来，决定趁机南下，建立自给自足的态势。① 同年10月，德国军队已经逼近莫斯科城下，这对日本是个好消息，对主张扩大战争的日本战争狂人们是一个极大的鼓舞，军部要求尽快对美开战。于是，1941年12月1日，裕仁天皇在御前会议上认定"美国已经成为蒋介石的代言人"，做出对英、美、荷开战的决定。

（二）国内环境

首先，国内物资短缺，战争能源即将耗尽。由于日本不肯放弃侵略中国并展现出"南进"至东南亚地区的态势，美国对日本实施了石油禁运，以此对日本施压。日本的石油供应全部来自海上运输线，美国禁运后，日本的石油储备告急，仅能维系18个月左右时间，但日本大本营估计全面征服中国至少需要2-3年时间。对外侵

---

① [日]服部卓四郎. 大东亚战争全史：第一册. 张玉祥等译. 北京：商务印书馆，1984.143

略是军部的既定方针，日本不可能放弃侵略中国，日美谈判没有取得成功，海上石油运输线只能通过武力来打通。

其次，日本整个国内充斥美日战争不可避免的声音，要求主动对美开战的舆论氛围浓厚。随着美国对日本实行经济封锁和武力施压，日本各界，无论政府还是军队，都认为美日之间早晚会爆发战争，现在不打，将来也要打，迟打不如早打，早打对日本更有利。日本认为，由于侵华战争陷入泥沼，如果不南下取得东南亚地区的资源，日本根本不可能征服中国。[①] 即使不对美开战，不南下掠夺殖民地和资源，美国还是会压迫日本，因为有三国同盟的存在。此外，美国要求"门户开放"，不可能允许日本独占整个中国。尽管有头脑清醒的日本人能看出美日之间存在的巨大实力差距，认为日本向以美国为首的西方国家开战无异于以卵击石，但是他们最后还是支持发动一场新的对外战争。因为只要能保住日本既有国体[②]，哪怕是国家化为焦土，统治者也不惜一战。[③]

二、国家战略目标：取得东南亚地区主导权，建立"大东亚共荣圈"

纳粹德国在欧洲战场上的胜利以及英、法、荷兰的失利，被日本视为"南进"千载难逢的好机会。1940年，近卫内阁[④]提出大东

[①] 钮先钟. 第二次世界大战的回顾与省思. 桂林：广西师范大学出版社，2003. 275~280
[②] 在当时的大日本帝国，天皇的绝对统治是国体，维持天皇统治是第一位的，天皇权力的绝对地位不能被推翻。
[③] 刘宗和，高金虎主编. 第二次世界大战情报史. 北京：解放军出版社，2009. 149
[④] 近卫文麿（Fumimaro Konoe）：原日本首相，日本侵华祸首之一，法西斯的首要推行者。1891年10月12日出生在门庭仅次于天皇家的日本豪族家庭。1937-1939年，1940-1941年三次出任首相，第一个任期内发动全面对华侵略战争，并在四年内积极扩大战争，是《三国轴心协定》的签订人。近卫第二次组阁，效仿希特勒的纳粹党，在日本国内强化法西斯体制，开展所谓新体制运动，亦称"近卫新体制"，强制取缔日本国内各政党和团体。1941年7月—10月，近卫第三次组建内阁，积极推行日军"南进"计划，扩大日本军国主义者对亚洲各国的侵略。近卫曾经向蒋介石提出苛刻的向日本投降的条件，发表了臭名昭著的"近卫声明"。1945年日本投降后，在麦克阿瑟的传讯逼供下，近卫为逃避审判，畏罪服毒自杀。

亚共荣圈计划，妄图建立一个涵盖中国、朝鲜在内的整个东亚和大洋洲的日本殖民大帝国。对于日本侵略者而言，英、法、荷败退，法属印度支那①和荷属东印度②两块殖民地处于孤立无援境地，正是其南进的大好时机。日本认为必须抓住这一机会，迅速夺取东南亚和西南太平洋地区丰富的石油、橡胶、各种金属以及大米、糖等战略资源，使日本摆脱资源紧缺难题。③ 日本提出，太平洋战争是实现所谓"八纮一宇"理想④和构建"大东亚共荣圈"的圣战，应动员一切力量，使用一切手段，进行总体战⑤。

为了"在注定要输的战争中给日本找条生路"，山本五十六制定了偷袭珍珠港的计划，但实施这一计划需要承受巨大风险。日本希望通过偷袭美国太平洋舰队基地珍珠港，一举摧毁美国海军主力，使其丧失干预亚洲事务的能力，为日本南下建立"大东亚共荣圈"扫清障碍。之后，凭借军事上确立的优势使美国丧失作战意志，接

---

① 越南、老挝、柬埔寨等东南亚地区。
② 即现在的印度尼西亚。
③ 荷属东印度蕴藏大量石油，当时它的产油能力是日本的20倍。
④ "八纮一宇"是当时日军为粉饰侵略战争，宣扬大东亚战争正当性的用语，意为"天下一家"。"八纮"一词出自中国古代典籍《列子·汤问》，在日本则源于神武天皇为树立天皇的宗教权威而发布"八纮一宇"诏书的神话，也025要"征服世间的西面八方，置于一个屋顶之下"，"日本是太阳升起的国度，是神国，日本民族是世界上最优秀的民族"，所以全世界要合并成为一个大民族，成立一个大国家，世界一家，天皇是世界的最高君主。后来"八纮一宇"成为日本军国主义理论家鼓吹日本应发动战争和侵略扩张的用语。在日本发动太平洋战争的前一年，日本神话中的神武天皇登基2600周年之际，日本举国庆祝并借机进行全民总动员，修建"战争意志高扬之塔"——八纮一宇塔，以炫耀日本军国主义侵略武功，用日本神话充当军国主义宣扬侵略战争的工具。修筑该塔的材料多是由日军从中国和朝鲜战场等地的文化财产、历史遗迹中掠夺来的条石，以此证明"皇军"曾到之处，炫耀"皇威"。"八纮一宇塔"是日本军国主义野心和对外侵略扩张的罪证。
⑤ 总体战思想产生于第一次世界大战，德国的鲁登道夫率先对该思想进行了理论和系统的阐述。一战后，总体战思想被日本陆军接受，并成为日本军部发动对外侵略战争的军事指导思想。总体战的核心观点认为，现代战争是全民族的战争，国家全部力量都要被动员并投入到战争中来，实行国民经济军事化，军事行动要达成突然性，速战速决，要建立独裁式的战争指挥体系。中日战争全面爆发后，1938年，日本出台了《国家总动员法》，这标志着日本总体战体制的最终形成。日本近代以来长期发酵的侵略扩张的大陆政策以及统治内部天皇居首、军部优位的政治体制是日本形成总体战体制的内因。

受现实，主动与日本谈判，结束战争。在日美两国的战争结束后，日本就可以切断滇缅公路、香港等通往中国的外援供应线，迫使中国蒋介石政权屈服并结束侵华战争，把陷于中国战场的大量精锐部队解脱出来，投入到新的扩张战争中去。

三、战场情报保障有力，战略情报分析出现失误

日本正式对美情报工作始于20世纪30年代。当时，日本视美国为最大的潜在敌人，开始广泛收集关于美国的各种资料。大批日本间谍进入美国加利福尼亚地区和从墨西哥到巴拿马运河的整个中美洲地区，以各种职业作掩护，搜集美国情报。1932年，考虑到制定对美具体作战方案的情报需要，日本军令部开始向美国海军基地所在地的西海岸派驻情报官员，重点了解美国舰队的行动计划及临战准备状况、舰队训练情况、舰员对日态度、舰船建造情况等。①

（一）日本陆海军的情报活动

根据日本陆军太平洋战争时期使用的关于情报工作的教科书《情报勤务参考》，日本陆军的情报业务分为一般情报和战场情报两大类。一般情报包括：由普通驻外机构、驻外军队等完成的情报工作（公开发表情报、实地考察、同政要等面谈、购买情报、谍报、窃取机密文件）；无线电秘密接收，窃取通信信息等。战场情报包括：由普通军队完成的情报搜集；由情报侦察机构完成的情报搜集；由特种机构（窃取通信信息部门）完成的情报搜集；审问俘虏；战场虏获的文件资料；战场间谍等。② 海军情报来源主要有：特种情报③，武官报告，审问俘虏，虏获文件资料，谍报，陆军共享情报，

---

① ［日］实松让．情报战．王云辅等译．南京：江苏人民出版社，1981.50
② 实松譲「日本軍とインテリジェンス——成功と失敗の事例から」、『防衛研究所紀要』、第11巻第1号（2008年11月）
③ 所谓特种情报，指的是日本监听盟军的通信并进行解读而形成的情报，一般也称为通信情报。在太平洋战争中，日本获得此类情报的数量并不算少，在非公开来源情报中占据相当比例。

外务省情报，收音机、书籍等公开来源情报等。

中国派遣军总司令部每个月都会综合世界各地（包括日本国内、太平洋周边、美国、英国、中国、苏德战争的进程，苏联、德国、意大利、中东、南美、东南亚等地区）的情报，做成一份题为"内外形势概要表"。它的情报来源有报纸、通信、秘密电报、上海特务机构、三和特务机构和涉外部等。[①]

（二）保障珍珠港偷袭行动的情报活动

太平洋战争专家约翰·科斯特洛在详细考察珍珠港事件中日、美双方的情报工作后指出："在珍珠港事件上，日本成功和美国失败的关键都在于情报。"[②] 日本事前针对美国进行了持续且全面的情报搜集工作，在偷袭珍珠港这一战术行动中取得绝对情报优势。为确保偷袭行动的成功，山本五十六积累了一本厚厚的《夏威夷地区舰队的习性、力量和防御工事》，这本资料上几乎有关于珍珠港基地的一切信息，包括舰船活动和海空巡逻规律、码头水深、设备物资、截收的无线电通信等。

其实，早在珍珠港事件爆发十年前，日美之间的情报战就已经打响。1931年"九一八"事变后，由于日本关东军迅速占领了整个东北，引起美国不满，日美关系日渐紧张，日本海军开始密切关注美国舰队在太平洋上的动向。为了加强对美情报工作，日本海军向美国西海岸派出军事间谍，重点搜集美国舰队的情报。除此之外，日本海军还经常在美国海军举行重大演习时派出特务船，截收美军通信信号，从中获得美军的编制等重要情报。

但是，光有美国舰队的情报还远远不够，偷袭珍珠港还需要实地的第一手情报。日本在夏威夷建设了庞大的情报网，负责搜集有关珍珠港的各种情报。化名森村正的海军预备役少尉吉川猛夫

[①] 実松譲「日本軍とインテリジェンス——成功と失敗の事例から」、『防衛研究所紀要』、第11巻第1号（2008年11月）。

[②] [英]约翰·科斯特洛. 太平洋战争1941-1945：上册. 王伟等译. 北京：东方出版社，1996.99

发挥了关键作用。他以外务省书记官的身份为掩护,搜集了有关珍珠港的大量重要情报。吉川猛夫在檀香山的 212 天共发出了 177 份情报。① 偷袭开始前他还发回最后一份情报,清楚记录了基地内船舶的类型、数量,基地守卫情况,有无异状,并对偷袭行动做出"一定能成功"的判断。当时参加偷袭行动的日本第五航空队事后给予吉川猛夫极高评价,对海军军令部的情报工作如此准确表示极为钦佩。② 因此,可以说偷袭珍珠港能够成功无疑是情报保障的成功。

(三)在东南亚地区的情报活动

日本在东南亚地区的情报活动在太平洋战争爆发前就已经展开。当时的东南亚地区到处都能看到日本人的身影。由于情报力量准备充分并且布局较早,所以日本在对英情报工作上取得较大成功。从 1940 年开始,日军派出人员以各种身份进入东南亚地区进行情报搜集活动。其中,大本营陆军参谋铃木敬司就以《读卖新闻》记者的身份进入缅甸,重点侦察了中缅边境向中国运输援助物资的滇缅公路情况。1941 年,日本又专门成立了针对缅甸的特务机构"南"机关,总部设在曼谷。该机构以从事林业、矿产贸易为掩护,在泰缅边境地区从事情报搜集活动,目的是为日本占领缅甸做前期准备。同年,号称"昭和陆军三大参谋"之一的辻政信带领一支谍报分队潜入新加坡,重点勘察了新加坡的地形地貌,为之后入侵新加坡作战计划的制定提供大量情报。

(四)对美作战的情报分析

对美开战前,情报机构提交的多份情报显示日本不具备与英美抗衡的能力,但这些情报均未能动摇日本统帅部的决心,日本统帅部最终选择将战争扩大化。1941 年夏,正值日本向南方挺进、日美

---

① [日]实松让. 珍珠港事件前的日日夜夜. 张焕利等译. 北京:新华出版社,1984.364
② [日]实松让. 情报战. 王云辅等译. 南京:江苏人民出版社,1981.128

谈判陷入僵局之际，总体战研究所①奉命以针对美英等国的"南方战争"为背景举行桌上演习②。演习得出的结果是：1941年12月中旬，日本对美国采取突然袭击的作战计划预计能够成功。但由于日本总体实力处于劣势，难以取得战争的最终胜利。战争将陷入长期化，美苏两国将实现合作。开战后两年内日本尚能支撑，但四年后国力耗尽，战争最后将以苏军入侵满洲、日本败北而告终。对于这个悲观的结论，日本决策层尤其是对美强硬派显然无法接受。时任陆相、后担任首相的东条英机斥责总体战研究所的推演是"桌上空谈"，对演习报告的评语是："虽然大家研究颇费辛劳，但这毕竟只是桌上演习，实际战争景况难以想象。日俄战争时期，我们大日本帝国原本也没想到能够获胜，然而却胜利了。所谓战争，是不会按照计划发展的，往往会由于意想不到的因素获胜。"③ 总体战研究所根据战争双方政治、经济、军事全局得出不能与美国开战的结论，而以东条英机等为首的军国主义者却将战争胜利的希望寄托在"意想不到的因素"，凸显当时弥漫在决策层中严重的机会主义思想。战争的走向预测就是战略情报分析，战略情报分析需要客观的情报数据做支持。客观而言，总体战研究所的分析人员除少数来自军方以外，更多是来自政府机构以及民间企业，他们能够收集到各种客观、准确且有效的数据。更为重要的是，他们不必纠缠于陆、海军相互之间以及军方同政府各部门之间严重的利益争端，能够最大程度避免唯军事论和情报政治化的危险。在当时军国主义盛行的情况下，

---

① 1940年9月27日，德、意、日三国在柏林签订了军事同盟条约。同年10月，为探讨将会到来的战争，日本政府紧急召集了来自中央省厅、军队和金融、教育等机构的30多位"最优秀人才"，成立了总体战研究所。在决定发动太平洋战争前，日本决策者命令该研究所模拟内阁的运行，分析和预测今后日本的政治、经济、外交、军事等各方面问题，尤其是日美关系。

② "桌上演习"是总体战研究所为区别军方"图上演习"专门制造的术语。军方的"图上演习"通常以军事对抗为主，而总体战研究所的桌上演习不仅包括军事对抗，更涉及整体国家实力的总动员和总利用。"桌上演习"属于战略级别的兵棋推演，是总体战研究所的成果，但并未得到内阁和军方的重视。

③ 小谷賢『日本軍のインテリジェンス なぜ情報が活かされないのか（講談社選書メチエ）』、講談社、2007年、191頁

做到这一点非常难能可贵。1940年7月27日,日本召开大本营与政府联席会议,通过《适应世界形势演变的时局处理纲要》并决定:为推进处理支那事变①,解决"南方问题",迅速调整日苏两国关系,确立"南进"为基本国策。②

小结

战争能够取得胜利的关键在于科学决策,而科学决策的基础是及时准确的情报。历史上,作为对外侵略扩张的工具,日本间谍几乎无处不在,情报与其他因素紧密配合,共同缔造了"辉煌的大日本帝国"。明治维新后,日本近代情报工作经历了从无到有、从弱到强、从零散混乱到有组织有计划的过程。对日本而言,从1894年发动甲午战争对中国取得大胜,到1945年太平洋战争战败投降,某种意义上也是一种因果循环。甲午战争日本战胜了自诩泱泱大国的清朝政府,令日本全国上下欢声雷动。后来由于"三国干涉还辽",全民陷入激愤并迅速转化为对俄战争热情,将俄国视为下一个主要假想敌。1905年日俄战争胜利后,英美担心日本过于强大出面调停两国战事,日本被迫接受并与俄国签订了和平协议《朴茨茅斯和约》,因此产生了强烈的仇视英美情绪,为后来的对英美开战埋下伏笔。20世纪30年代,为摆脱经济危机,日本选择侵略中国,但陷入中国抗日战争的洪流中不能自拔。为取得东南亚地区的资源实施"南进"政策,不自量力幻想"以战养战",采取先发制人的战术偷袭珍珠港,打响太平洋战争,最终战败投降。在资本主义发展过程的前一

---

① 日本在卢沟桥发动侵略中国华北地区的"七七"事变后,同年8月13日,日本帝国主义为扩大侵华战争,进攻上海制造事变,直接威胁蒋介石国民政府的统治中心南京,本次事变史称"第二次上海事变"或"八一三"事变。"七七"事变以日本陆军为主力,"八一三"事变以日本海军为主力。这两次事变被日本统称"支那事变",这两次事变后,日本侵华战争全面展开。

② [日]服部卓四郎. 大东亚战争全史: 第一册. 张玉祥等译. 北京: 商务印书馆, 1984. 33

阶段日本发动了甲午战争和日俄战争，依托高效的情报工作，对外侵略扩张一路顺畅，彻底改变了"黑船来袭"以后日本被西方列强欺辱的历史，确立并巩固了在东亚的霸主地位。在甲午战争和日俄战争的决策过程中，周密细致的情报保障帮助日本决策者了解对手和国际环境，帮助其下定战争决心、确立战略目标并制定合理战争计划。但是，在侵华战争和太平洋战争中，日本统治集团战略目标的设定与日本国力严重脱节，导致重大战略决策失误。在侵华战争中，对中国共产党领导的抗日武装力量的估计不足与对国际形势的错误研判等因素，导致贸然发动侵华战争的日本陷入中国抗战的洪流之中。在太平洋战争中，可以说情报完美保障了珍珠港偷袭行动，然而，战略情报分析不足与决策者选择性使用情报等因素导致对美开战的日本一败涂地。太平洋战争爆发以前日本的情报工作，与其说是为战争决策服务，不如说是为战争决策的实施服务。为错误的战争决策和战略目标服务的高度政治化的情报间接决定了日本战败的命运。

第二章　日本近代对外战争决策中情报保障的特点

梳理甲午战争、日俄战争、侵华战争、太平洋战争四场战争决策中情报保障历史演进的基本脉络后不难发现，日本情报活动反映出情报工作中的一般规律，如情报具有不确定性、情报要与决策保持良好关系、情报自身带有局限性等。日本战争决策的制定过程也体现出许多带有日本特色的情报保障特点。日本情报工作不断随着时代发展而发展的同时，也保留了其鲜明的民族性和本土性特征，使得日本情报工作在世界上独树一帜。情报种类复杂多样，从不同角度，按照不同标准，情报可以进行多种形式的分类。通过对情报进行分类研究，我们能够更加系统地认识情报的内涵，而按照不同分类标准考察日本近代战争决策中的情报工作，能够更为准确地发现其情报保障特点。

第一节　战略情报与战役、战术情报保障效果迥异

以目的和范围作为标准，情报可以分为战术情报、战役情报和战略情报。虽然三者之间没有特别明确的界限，有时一场战术行动很可能改变整个战局的走向，有时一份关键的战术情报可能发挥战略情报的作用，但从整体而言，战略情报因为事关国家和社会集团的安全和战争全局，无论从地位上还是作用上都更加重要，在对外战争决策过程中战略情报更是发挥至关重要的作用。按照日本军事史学家北冈俊明的观点，日本是一个奉行"现场至上主义"的"战

术型"国家，重视眼前利益，情报搜集过于具体，拘泥于细节，缺少抽象、宏观和创造性的战略思维。① 日俄战争中，日本较好地协调了战略与战役、战术的关系，战略情报和战役、战术情报工作都完成得很好。② 但在此后的侵华战争和太平洋战争中，日本决策者缺乏战略眼光的缺点暴露无遗，对国际形势、中美两国的实力分析均出现不同程度的错误，战略情报分析严重脱离实际。

一、战役、战术情报保障有力，情报卓有成效

战役情报是组织实施战役行动所需情报，战术情报是组织实施战术行动所需情报，是指挥员定下决心、指挥战斗的重要依据。③ 战役、战术情报主要是保障战场作战的，这一点是二者与战略情报的最大不同。为保障军事行动的顺利展开，日本军事部门非常重视战役、战术情报的获取，极为重视战前的情报搜集和情报积累工作。在下定作战决心、制定和执行作战计划之前，都要依托各种情报手段进行充分战场情报搜集。正如若米尼所述，想要在战争中获胜，最可靠的办法是一定要对敌情有正确的情报之后再采取行动。④

战前的情报搜集工作是战争准备的重要环节，了解敌人和战场情况是决策者指导战争的先决条件。在历次战斗发起前，日本都会依托自身情报网，综合运用各种情报收集手段获取敌军和战场情报，为其军事行动提供准确、及时、有效的情报保障。日俄战争前，日本在中国东北地区部署了大量间谍，俄国太平洋舰队的实力、战法乃至一举一动都被牢牢掌握。日本宣布同俄国断交后不久，日本联合舰队司令东乡平八郎率领的日本主力舰队就偷袭了长途跋涉驰援而来、当时正停泊在旅顺口外的俄国舰队，掌握了战争的主动权。

---

① 北冈俊明、战史研究会『日本人の戦略の失敗』、PHP研究所、2008年、2～3页
② 北冈俊明、战史研究会『日本人の戦略の失敗』、PHP研究所、2008年、291页
③ 参见《中国军事百科全书·军事情报学分册》，"战役情报"和"战术情报"词条。
④ [瑞士] 若米尼. 战争艺术. 纽先钟译. 桂林：广西师范大学出版社，2003.187～188

值得一提的是,在偷袭俄国波罗的海舰队时,东乡平八郎根据战前情报有针对性地调整了作战方案,针对俄国海军舰艇战斗队形的变化,创造出"东乡旋转战法",给俄军以重创。侵华战争期间,日本的战役、战术情报成果丰硕,情报工作可圈可点,对于保障军事行动的顺利进行发挥了重要作用。为了充分掌握中国的地理地貌,了解中国军队的实力与斗志,无数谍报人员打着调查、参观、旅游或经商的幌子进入中国暗地里从事情报活动。比如,策划并发动"九一八"事变的关东军作战参谋石原莞尔和板垣征四郎,从1929年开始多次进行所谓"参谋旅行",侦察东北地区的地理地貌、人文环境与社会舆论、东北军民对日本的态度以及东北军的部署和军力情况等,为发动战争做准备。在实地考察过程中,两人制定了多项侵略计划,包括"如何攻击哈尔滨和防御海拉尔""攻打锦州战术"以及"夜袭弓长岭现地研究"等,这些是建立在充足的战役、战术情报基础上的作战对策建议。

　　日本在掌握敌人动向方面最有名的人物应该数在珍珠港潜伏的吉川猛夫。他通过特殊途径取得太平洋军港的详细地图,摸清了太平洋舰队的行动规律并每天报告美国舰队的停泊情况,用出色的情报保证了偷袭行动的顺利进行。参与偷袭珍珠港的日本特遣舰队曾评价吉川猛夫的"情报甚为准确"。[①] 关东军的"参谋旅行"、参谋本部陆地测量部的地图编制、吉川猛夫在珍珠港的秘密情报活动都说明日本对战役、战术情报的重视,日本在对外战争进程中战役、战术层面的情报保障非常成功,保证了各场作战的胜利。

二、战略情报保障能力不足,情报成败参半

　　从这四次战争来看,日本在战役、战术情报方面取得了巨大成就,在战略情报方面则既有成功,也有失误。从战争结果来看,日

[①] [日]实松让. 情报战. 王云辅,杨坚,张林译. 南京:江苏人民出版社,1981. 128

第二章　日本近代对外战争决策中情报保障的特点

本取得了甲午战争和日俄战争的最后胜利并收获了大量利益。这证明至少从日本角度来说，甲午战争决策和日俄战争决策是正确的。在这两场战争中，无论是战役、战术情报还是战略情报，都圆满完成了相应的保障决策任务。在之后的侵华战争和太平洋战争中，日本战役、战术情报依然卓有成效，有力保障了战争初期军事行动的胜利和战争进程的顺利推进，战役、战术情报基本没有发生大的失误，其情报保障可以说是成功的。然而，战役、战术情报保障的成功并不能掩盖或是弥补战略情报失误。侵华战争和太平洋战争决策中的战略情报保障出现了一系列失误，导致日本错误地发动了这两场战争。在侵华战争和太平洋战争中，日本对于战略情报的认识依然长期停留在军事战略层面，没有意识到战略是对战争全局的筹划和指导，一个国家的大战略是它运用综合国力实现其政治目标的总体战略。[①] 战略情报是为国家的最高决策者制定战略决策服务的，而战略是对战争全局的筹划与指导。北冈俊明认为，日本人缺乏战略思考能力，日本无"战略"，日本历史上长于战略设计的人才凤毛麟角，"别说拿破仑、林肯和丘吉尔这样的天才战略家了，就连希特勒和斯大林这样恶魔般的人物都没有出现过"。一流的战略情报人才是国家安全决策的支柱。日本唯一可以称为战略家的"只有石原莞尔，但他没能成为国家的领导者"。[②] 北冈俊明对石原莞尔等人的评价尽管带有主观色彩并可能有所偏颇，但确实道出一个不争的事实，即日本决策者缺乏广阔的战略视野。因为战略素养缺失，日本战略情报分析、对战争走向的战略预测频频失误，导致战争决策不能得到战略情报的有效保障，战略决策容易失误。从短期和中期角度看，偷袭珍珠港是一次辉煌胜利，成功偷袭取得的战果远远超出设计者

---

① 吴春秋．大战略论．北京：军事科学出版社，1998.17
② 北冈俊明、戦史研究会『日本人の戦略の失敗』、PHP研究所、2008年、4頁。北冈俊明是日本偏右翼的军事史学家，他出版了多部著作，多涉及中日、日韩关系史上的争议问题，其中一本名为《日本审判是捏造》的书，认为东京审判不仅程序上不公正，法理上不合法，而且证据不充分。

的最初预想,即使在整个人类战争史上,也是永载史册的经典战例。① 但吉川猛夫的成功并不能掩盖日本情报机构在战略情报工作方面存在的缺陷,忽视战略情报与重视战术情报二者形成鲜明对比。太平洋战争爆发前,日本大本营多位部门负责人都认为对美作战没有取胜希望。日本海军部估计其海军实力对美作战只能坚持一年,但美国要打持久战。以只打一年战争的准备投入持久战是徒手打虎的无谋之举。② 由此可以看出,在战争进行过程中,日本内部虽有战略情报分析,但是客观的分析结果没有得到日本高层重视,日本进行了被后世普遍认为是自杀行为的珍珠港偷袭行动。从历史角度看,偷袭珍珠港引发太平洋战争,美国对日宣战很大程度上决定了日本最终的结局。仅就战争中的战略和战术而言,先有战略才有战术,反之是不成立的。③ 如果将战略比作观念,那么战术就是行动,是执行既定的战略,二者相比战略永远居于首位。在太平洋战争中,虽然日本偷袭珍珠港取得了奇迹般的成功,但由于日美两国实力存在的巨大差距,日本不可能战胜美国。日本偷袭珍珠港是成功的战术,但对美开战是失败的战略。④ 日本侵华战争和太平洋战争决策失误的根源就在于战略情报与战略决策的脱节,战略情报在战争决策中的作用被忽视。

第二节 情报搜集与情报分析资源分配不均衡

无论是发动对朝鲜入侵,还是挑起中日甲午战争,情报在日本

---

① 珍珠港偷袭成功,使得美国海军太平洋舰队遭受重大损失,几乎丧失了战斗力,瘫痪了大半年之久。这段时间里美国海军在太平洋上基本没有大的作为。日本横行东南亚,占领了太平洋西南部的整个东南亚地区,势力范围甚至扩大到印度洋。
② 刘宗和、高金虎主编.外国情报体制研究.北京:军事科学出版社,2003.413
③ 北冈俊明、戦史研究会『日本人の戦略的失败』、PHP研究所、2008年、295页
④ 过毅、高鹏编著.20世纪重大战略决策选择.北京:军事科学出版社,2004.229

第二章 日本近代对外战争决策中情报保障的特点

战争决策中的作用都是巨大的。从情报活动的内容①角度审视情报，本节选择情报搜集、情报分析这两个情报活动的核心内容进行对比分析，可以发现日本战争决策中的情报保障的又一特点。情报搜集是情报工作的基础，是通过各种途径大量汇集原始资料的过程。情报搜集是情报职能之一，对于情报工作而言不可或缺。情报分析需要对搜集到的林林总总的情报资料进行归纳总结，去伪存真，透过现象看本质并预测未来。情报分析的结果即为情报产品。情报产品的最高价值在于对事物的未来发展趋势做出预测，即情报评估。② 情报分析是情报工作的核心环节，是提升情报价值的关键。但是，由于长期情报实践的影响，日本过于重视情报搜集，对于情报分析则投入不足，重视不够。

一、情报搜集内容丰富、主体多样

日本情报机构情报搜集能力很强，情报在日本帝国主义发动侵略战争的过程中扮演了举足轻重的角色。日本谍报人员的情报搜集内容十分丰富、系统。为综合判断中国的战争准备情况，日本情报搜集内容并不仅限军事情况，而是涵盖政治、经济、人文、社会、兵要地志甚至还包括人心向背和士兵士气在内的几乎所有信息。③ 日本情报搜集的手段非常多。日本间谍手段高明，掌握各种情报搜集技巧，无孔不入。他们采用公开或者不公开的方式，通过整理收集地图、书信、电报、政府文件以及实地侦察，或者以钱色手段收买等途径获得大量情报。④

甲午战争爆发前，为充分掌握中国的备战状况并了解双方实力

---

① 舒尔斯基将情报的内容（elements of intelligence）分为搜集、分析、反情报与隐蔽行动四类。这四类在国内情报研究中也被称为情报活动的类型。参见张晓军主编. 美国军事情报理论研究. 北京：军事科学出版社，2007. 51
② 张晓军主编. 美国军事情报理论研究. 北京：军事科学出版社，2007. 53
③ 许金生. 近代日本对华军事谍报体系研究 1868~1937. 上海：复旦大学出版社，2015. 386
④ 战争爆发后，日军还通过对缴获的战利品进行分析、审问战俘等手段获得情报。

对比，日本参谋本部不断向中国和朝鲜派出间谍和特务人员，这些间谍或乔装打扮，或以驻华武官等合法身份作掩护，千方百计搜集中朝两国情报。1886年来到中国的荒尾精，先是在汉口开办了"乐善堂"，网罗大批日本浪人在中国从事谍报活动，对中国各地进行详细调查活动并编辑出版了《清国通商综览》一书。这本书详细记载了清朝政府政治、经济、地理、气候等几乎所有方面的基本情况，为日本发动甲午战争提供了大量基础情报资料。① 荒尾精还在上海开办了"日清贸易协会"和"日清贸易研究所"等机构，以培养中日贸易人才为掩护，实际培养对华情报工作的间谍并组成遍及中国各地的间谍网。日清贸易研究所的任务、宗旨和目标与乐善堂几乎如出一辙。1887年，日本参谋本部派遣陆军中佐山本清坚、大尉藤井茂太等多名军人潜入中国华北地区，为制定战争计划进行实地调查，重点调查渤海湾合适日军登陆的地点，以及如何有效利用地形进行登陆作战，登陆后军队如何固守，如何进一步输送兵力等。山本清坚等人假扮成中国人，对山海关至大沽口这一带进行调查后，不仅摸清了这一地区的军事地理环境，还搜集了大量有关清朝政府军事、政治、经济方面的情况，对"参谋本部制定甲午战争的作战计划起到很大作用"。②

二、情报分析不足以支持侵华和太平洋战争决策

情报分析既是一门科学，又是情报工作的中心环节。白俄罗斯情报专家伊戈尔·尼古拉耶维奇·库兹涅佐夫认为，情报分析可以弥补情报搜集的不足，事实真相往往并不在于原始资料本身而在于对这些原始资料的准确诠释，具体事实只有在与其他事实的组合中才会得以澄清。美国情报大师杜勒斯认为，"未加工的情报除非得到

---

① 戚其章. 甲午日谍秘史. 天津：天津古籍出版社，2004.89
② 德富猪一郎编著『陆军大将川上操六』、日本第一公论社、1942年、107頁

正确认识，否则它是很危险的东西"①，只有通过情报分析，情报才能真正体现价值。

首先，日本情报分析具备一定经验和基础。到日俄战争时期，日本的情报分析尤其是战略形势研判已经具备相当水平。不仅日本政府和军队，以玄洋社、黑龙会为代表的日本右翼组织对当时的客观形势都有很深刻的分析，其情报分析已经具有很高水平。黑龙会头目内田良平在大量派出日本浪人搜集俄国情报、建立秘密据点的同时，还曾亲自调查中、俄、朝三国交界地区的兵要地志和海参崴附近的地形地貌。1898年，在掌握西伯利亚地区俄方的军政情况后，内田良平回国写出《俄罗斯内部之大缺陷》一文，指出"俄国首要目标是满洲，不能任其经营和侵略满蒙，否则日本将永远失去对俄必胜的战机"，日俄两国的冲突将不可避免。内田良平是日本判断日俄必战的第一人。内田良平主张在对外政策上要"对俄强硬"，在《俄罗斯亡国论》一文中，他详细分析了俄国国内现状，指出俄罗斯一定会亡国，强调日俄开战是为了正义、为了荣誉，因为俄国代表的是野蛮文明。1899年，内田良平第三次进入俄国，与长期潜伏当地的间谍商议具体对俄作战计划，总结、整理搜集到的各种情报，为日俄开战做好了情报准备工作。

客观而言，太平洋战争时期，日本情报部门尽管面临人员、经费不足的问题，但是具备了一定情报分析水准。日军的中央情报机构是陆军参谋本部和海军军令部，军部负责情报分析的机构主要是参谋本部第二部和军令部第三部。情报分析部门解读各个情报机构送来的情报资料，对动向情报和基础情报进行真伪鉴别并判断其价值高低，之后根据需要提供给政府和军事部门，主要是军令机关的作战部。日军海外作战部队配备随军翻译官，实时处理搜集到的外文情报，遇到有时效价值的情报则迅速反馈前线，或做出相应的作战对策。②但是，日本军部参谋大多出自日本陆军大学，狭隘的军

---

① [美]艾伦·杜勒斯. 情报术. 陈秋慧译. 北京：金城出版社，2014. 160
② 宗泽亚. 日清战争1894~1895. 北京：世界图书出版公司，2012. 178

校教育难以培育出具有战略意识的军界精英,缺乏战略眼光是日本陆海军参谋的通病。石原莞尔也是陆军大学高材生,他曾批评日本的陆海军均有作战计划,但没有真正的战争计划,意为日军参谋缺乏战略视野。① 作为优等生的作战参谋尚且如此,情报参谋和兵站参谋的战略视野更是等而下之。但是,由于情报部门在决策过程中地位较低,许多情报并未得到有效使用。此外,尽管日本情报机构设立了情报分析机构,但真正的战略情报分析根本无从着手。② 艾伦·杜勒斯指出:"耐心的情报分析人员整理、思考、对各种假设进行验证才能得出正确的结论。"③ 整体而言,日本的情报工作侧重于情报搜集,各种情报主体能够通过多种途径搜集各种情报资料,但从事情报分析工作的人和机构很少。情报工作缺乏情报分析环节,这导致整体情报水平的降低。低水平的情报工作影响了情报在决策者心目中的地位,使之不可能在决策过程中发挥积极作用。

情报必须用价值进行衡量,这就要求由管理部门和情报用户来评估情报机构效率和其生产的情报产品质量。成功的情报分析可以通过将两个基本标准放在一个天平上进行——情报处理(进行确切分析)和情报产品(满足客户需要),两者保持平衡。

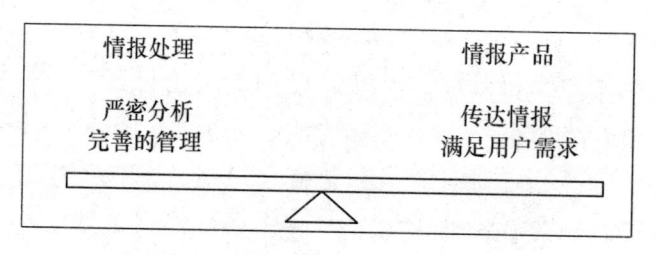

```
情报处理                        情报产品

严密分析                        传达情报
完善的管理                      满足用户需求
```

图 2.1 成功的情报分析:过程与结果的统一体

---

① Ernest R. May, ed., *Knowing One's Enemies*, p. 434. 转引自刘宗和,高金虎主编. 第二次世界大战情报史. 北京:解放军出版社,2009. 133

② 刘宗和,高金虎主编. 第二次世界大战情报史. 北京:解放军出版社,2009. 133

③ [美]艾伦·杜勒斯. 情报术. 陈秋慧译. 北京:金城出版社,2014. 164

第二章　日本近代对外战争决策中情报保障的特点

按照这个标准来考察日本挑起太平洋战争前的决策过程，我们能够发现日本在机会分析、保障决策、情报使用等方面出现诸多问题。日本的全民情报观念使得它能够及时而又广泛地获取大量情报，但这种过度依靠本国国民的做法阻碍了其情报机构的进一步发展。日本通过各种手段获取了大量情报资料，但是没有进行很好的分析，没能得出正确的结论为决策所用，情报资料归根到底只是情报资料而已，没有产生情报价值。

其次，情报分析过程中的评估机制不健全，评估结论受政策影响大。日本情报机构对于战争走向的预测和评估类产品受国家政策的影响非常大。对未来局势发展、战争走向等进行预测和评估是情报分析工作中不可或缺的组成部分，此类情报所具有的中长期预测属性是其区别于动态情报等其他情报分析产品的关键。情报保障最重要的意义在于通过对所有的情报资料进行分析，对事态发展做出积极而有价值的估计。谢尔曼·肯特认为，预测评估类情报是最高级的战略情报，"评估是最珍贵的情报产品，只有最有能力的研究人员才能提供"。"评估是一种微妙的知识，它只能来源于那些知识渊博、天资聪慧的大师级人物。"[1]

对过去的事情单纯进行描述不是情报分析，而是历史叙述。最高级的情报分析是对可能出现的情况进行预测的结构性思考。情报分析要有预测性。[2] 预测性是情报核心价值的体现，是区别于信息和知识的本质属性。美国情报分析专家罗伯特·克拉克认为，基本描述类和动态报告类情报并不是情报工作的真正目标，它们只是情报分析的基础，是达成情报分析终极目标的阶段性成果。[3] 1999 年版美国中央情报局《用户情报指南》指出，"情报是对我们周围世界

---

[1] [美] 谢尔曼·肯特. 为美国世界政策服务的战略情报. 刘微，肖皓元译. 北京：金城出版社，2012.53

[2] [美] 罗伯特·克拉克. 情报分析：以目标为中心的方法. 马忠元译. 北京：金城出版社，2013.238

[3] 谢尔曼·肯特将战略情报分为基本描述类、动态报告类和预测评估类。克拉克在此分类基础上，认为预测评估类情报才是情报分析的终极目标。

的知与先知,是美国决策者决策和行动的先导。"[1] 中央情报局自编的情报培训教材《情报分析人员的思维与表达》中规定,情报分析人员要积极预测战争走向和事态发展,以帮助决策者抓住问题本质。只罗列事实、不预测事态发展趋势的情报产品,既不能为决策者消除战争迷雾,也不能真正满足其对战略情报的需求。

情报保障对战争决策具有指导性,只有以提前获取的准确情报为基础进行客观战略分析与态势评估,才能做出科学战略决策。情报搜集的必须是真实的客观情况,情报保障要做到及时、分析判断准确,才能最大程度提高预测的准确度。甲午战争爆发前,日本在中国和朝鲜的情报活动极为频繁,日本间谍可谓无处不在、无孔不入。他们搜集了大量有关清朝政府的核心政治、经济、军事情报,对清朝政府地形、清军部署、作战能力等情况的掌握甚至比清朝政府自己还要透彻。1879年,福岛安正装扮成中国人在中国实地考察,5个月后才回到日本。福岛安正将情报搜集成果整理成《邻国兵备略》《清国兵制集》呈送给明治天皇。之后,根据大本营的情报搜集要求,福岛安正又多次来华搜集情报。通过对清朝政府的细致观察,他发现清朝政府内部存在很多问题,尤其公然行贿的弱点十分致命。整个国家上至皇帝大臣,下到一兵一卒,无不行贿受贿。由此,对于日本和中国之间的战争,他做出判断:"如此国家根本不是日本之对手。"[2] 15年后的甲午战争验证了福岛安正判断的正确。

对比甲午战争时日本对清朝政府实力做的评估,侵华战争中日本的战略评估工作存在明显不足。日本在策划对华战略时,被侵略扩张的传统绑架,忽视了情报在决策过程中应该发挥的作用,草率做出了发动战争的决定。先制定扩张战略再制订情报计划、搜集情报的做法,使日本的战略情报工作从一开始就失去了客观性。日本人对《孙子兵法》中的谋略、速战速决的作战思想和用"间"思想极为重视并能够熟练运用到战争中,但孙子情报思想的核心"先知"

---

[1] 张晓军主编. 美国军事情报理论研究. 北京:军事科学出版社,2007. 28
[2] 胡平. 情报日本. 南昌:二十一世纪出版社,2011. 73

第二章　日本近代对外战争决策中情报保障的特点

和"庙算"却未得到足够重视。在甲午战争中日本虽然取得了胜利，但其实举全国之力的日本只是击败了北洋水师。[①] 日本在这场战争中取胜本身带有一定的侥幸性，但是日本却认为这是实力使然，大清国已经破落不堪。[②] 甲午战争在日本人心里埋下了骄傲自大、轻视中国的种子。直到后来的侵华战争，日本在对中国进行战略评估时，始终是低估中国整体战斗力的。即使有些日本人担心对中国开战可能整体实力有欠缺，但日本军国主义分子相信，强大的武士道精神能够弥补其在物质上的不足。事实上，甲午战争和侵华战争所处的国际国内环境都已大不相同，比如中国民众的思想认识已经比清朝末期有了很大进步，国家领导人的觉悟也都不同。甲午战争所处的时代是列强们群起侵略、瓜分和占有殖民地的时代，是一个追逐利益的国际环境，谁也不会同情中国，更不会帮助中国。当时中国国内多数民众和统治阶层一样，眼界狭小，缺乏民族和国家意识。整个清朝政府在面对强敌时并未形成合力。日本发动侵华战争时期情况有所不同，当时中国处于一个大的反法西斯侵略的国际大背景中，反抗日本帝国主义侵略属于世界反法西斯战争的一部分，反法西斯阵营给予中国大量援助，中国也援助英军并间接支援了美军在太平洋地区的战事。中国国内民众早已觉醒，国家和民族意识空前高涨，可谓同仇敌忾。现代战争是全面的总体战争，从战场范围看，总体战已经扩展到了作战国的全部领域。[③] 决定战争胜负的是一个国家的综合国力。由于时代限制和清朝政府急于求和等原因，甲午战争中清朝政府的战争潜力并未得到充分发挥。日本通过一场局部战争就

---

① 清朝末期，作为洋务运动的标志性举措，清朝政府组建了新式海军，当时除北洋舰队外，还有南洋水师、福建水师、海关总署和广东省自己组建的海关水师和广东水师。南洋水师船型较老，战斗力较差；福建水师在1884年的中法战争中全军覆没，从此一蹶不振；广东水师部分参加了甲午战争，全部损失；海关水师是海关税务司组建的海军，主要用于缉私，甲午战争中，李鸿章试图借用军舰但被拒绝。

② 从战争规模的角度来看，甲午战争只是一场局部战争，并非全面战争。局部战争本身对两国综合国力、战争潜力、政府和国民的斗志、士气等的要求都与全面战争有区别。

③ ［德］鲁登道夫. 总体战. 戴耀先译. 北京：解放军出版社，2005.5

打败了泱泱大国并迫使清朝政府签订了不平等条约。在战前衡量对象国综合国力时,国民士气和斗志是必须要考虑的重要因素之一。日本策划侵华战争时,对于中日两国在军事装备、军队素质、工业能力、钢铁产量等有形实力上的差距看得很清楚,确实当时的中国在"硬指标"上几乎全面落后于日本,但日本忽视了中国民众日趋觉醒的民族国家意识和日益高涨的抵抗外敌入侵的坚定意志。于是,日本做出了自身实力较之中国强大许多的判断,认为中国不堪一击,对华战争可以很快结束。此外,日本认为中国并非统一的国家,中国军阀的割据混战与国共十年内战助长了日本的野心,进一步使日本做出了错误的判断。令日本始料未及的是,西安事变后国共两党握手言和,决定进行抗日合作,一致对外,中国建立起抗日民族统一战线。过于理想主义的判断使日本最终陷入长期战争的泥沼。

　　情报评估不是单纯坐而论道,更不是对事实的简单报告,而是对事物发展趋势的一种预测。[1] 太平洋战争时期的日本是不重视战略情报评估的典型。日本决策者对太平洋战场上的敌我态势、美国战争意愿以及未来战争走势的评估均出现严重失误。战后一直从事对美研究的日本原陆军情报参谋堀荣三认为,美国本土是二战时期日本情报网的"最大盲区"。[2] 虽然日本搜集了珍珠港、西太平洋上关于美军实力的各种资料,但是,对美开战的后果却没有进行正确的判断和评估。战略决策必须建立在充分的情报评估基础之上,但日本发动太平洋战争前,各种虚假评估大行其道。[3] 而且,在决策过程中,情报机构的客观评估,军部基本没有放在眼里。在发动太平洋战争前的日本,情报没有成为克劳塞维茨口中的"想法和行动的基础",日本的战争决策过程是先有决策、再有情报。在对外战争决策过程中,情报未发挥应有的辅助和支持作用,反而始终被既有战争政策牵着鼻子走。先做出决策,再针对性地发出情报搜集指令,这

---

[1] 刘宗和,高金虎主编.第二次世界大战情报史.北京:解放军出版社,2009.374
[2] 堀荣三『大本営参謀の情報戦記』、文藝春秋、1996年、97頁
[3] 刘宗和,高金虎主编.第二次世界大战情报史.北京:解放军出版社,2009.375

种"政治化"的情报保障某种意义上决定了日本在情报战和太平洋战争中必然失败的命运。

第三节 人力情报在众多情报手段中占据重要地位

明治维新后，日本在世界各地都建立起人力情报网。以谍报为核心的人力情报是日本最重要的情报来源，在众多情报搜集手段中占据重要地位，在历次对外战争中都发挥了重要作用。但是，作为一种情报手段，人力情报也有其先天不足，这时日本可以通过其他情报手段获取情报，比如技术情报。日本的情报手段很多，各种情报手段互相补充，情报还可以互相印证。当情报对象是中国和俄国这样保密意识和反间谍能力不强的国家时，日本的人力情报能够发挥非常大的作用。当情报对象是美国和英国等情报发达国家时，人力情报能够发挥的空间就被大大压缩，不得不主要依赖其他手段。

一、人力情报是日本获取情报的主要手段

人力情报指通过人力侦察手段搜集获取的情报。[1] 人力情报是世界上最古老的情报手段之一。人力情报需要情报人员通过观察、窃取、收买等方式获取，具体实施主体通常包括谍报、武官侦察和部队侦察等。此外，从情报来源的角度讲，公开情报也应属于人力情报范畴。[2] 公开情报即采用合法手段从公开渠道获取的情报，是情报搜集的重要方式。公开情报不仅数量大、内容丰富，而且有些价值

---

[1] 张晓军主编. 军事情报学. 北京：军事科学出版社, 2001.25

[2] 本书并未严格依照美国情报门类（intelligence discipline）对搜集的情报进行分类的方法。根据搜集手段的不同，美国通常将搜集到的情报分为人力情报、图像情报、测量与特征情报、信号情报、公开来源情报、技术情报和反情报七类。但美国各军种条令对情报门类的规定也各不相同。由于日本在战前的公开情报工作主要由人力完成，故本书将公开情报纳入人力情报范畴，技术情报则涵盖了所有涉及电报、密码破译、无线电、雷达、航空拍照等军事科技的情报手段。

还非常高。① 在太平洋战争期间，英国和美国的公开情报工作发挥了十分重要的作用，两国都设置有专门机构从事公开情报工作，对公开情报的地位和作用认识也都非常深刻。与公开情报对应的是秘密情报，即采用各种非法手段秘密搜集的情报，如间谍和特务秘密窃取的情报，情报人员利用技术手段如破译密码获得的情报等。前者可以划分至人力情报范畴，后者为技术情报。对于一个国家而言，为了维护自身的安全和利益，某些重要活动和情况是不可能公之于众的，这时仅靠公开资料和合法手段进行情报活动很难达成目标，就必须依赖"非常规"手段。秘密情报的特点是可信度和价值很高，但是非常难以获取而且数量有限。

在日本，人力情报具有传统优势。日本从古代开始就十分重视间谍的作用，相当长的历史时期内，谍报是日本唯一的情报手段。日本将中国的《孙子兵法》钻研得极为透彻，将书中"五间"——因间、内间、反间、死间、生间的用间思想发展到极致。人力情报为日本的战争决策和军事行动提供了可靠的情报保障。历史上，日本人力情报的成绩斐然，这归功于其对人力情报的重视和长期建设。日本在中国、东南亚的人力情报网非常完备，侵华战争爆发时，在中国各地的特务机构已经经营了数十年之久。土肥原贤二被称作是"东方的劳伦斯"，他以善于搜集情报著称，"九一八"事变前，他利用在中国东北庞大的秘密间谍网搜集了关于驻东北中国军队的大量情报。日军侵华时，其战场情报的获取除了依靠部队侦察、审问俘虏等方式外，还依托事先建立的庞大谍报网络与提早开始的周密情报搜集活动。

日本人力情报的主体众多，形形色色，涵盖各行各业。驻各国武官、武官辅佐官②、国外驻军、浪人、外交官、商人、旅行家、留

---

① 参考张晓军主编. 军事情报学. 北京：军事科学出版社, 2001. 22
② 近代日本驻外使馆除配置武官外，还为武官配置了辅佐官，他们在武官的指挥下进行工作，主要负责谍报相关工作。日本驻华使馆早在1900年就配置了武官辅佐官进行情报活动，是日本最早配置武官辅佐官的驻外使馆之一。

第二章 日本近代对外战争决策中情报保障的特点

学生、日本侨民等都被组织和动员起来,以为天皇效忠的名义从事情报搜集工作。人力情报主体的多样性决定了各情报主体都有各自的情报优势,便于日本能够全方位、多角度、多手段地搜集情报。既能一份情报得到多方印证,又能避免出现情报的盲区和死角。[①] 侵华战争以前,日本参谋本部向中国大陆派出了很多号称"中国通"[②]的军人进行情报搜集活动,日本间谍遍布中国各地,除了西藏、青海等地没有发现日本的长期潜伏者外,在中国其他省市都有不少日本间谍存在,尤其东北、华北、华东、内蒙古东部、南方沿海城市和各大港口更是日本间谍和情报人员密集活动的重灾区。[③] 因此,日本人力情报成效极为显著。对于日本人力情报的强大渗透能力,美国间谍大师、也是中央情报局任期最长的局长艾伦·杜勒斯曾经表示,日本间谍是间谍世界中一支高效和危险的力量。

甲午战争前的1882年,化名郑永昌的日本陆军军官神尾光臣潜入中国。他先后勘察了山东半岛、辽东半岛和朝鲜西海岸的地理情况,重点考察各地清军守卫和炮台建造情况,详细收集了作战所需的海岸线地理水文数据。[④] 1884年,日本间谍石川伍一、松田满雄来到中国并乔装打扮,对江苏、江西、广西等中国南方13个省份的地理、军事部署和交通状况进行了实地考察并绘制成数张地图,对于日本了解清朝政府、策划战争起到重要作用。此外,石川伍一还将通过收买得到的"北洋海军各军营枪炮、刀矛、火药、子弹数目"以及"军械所东局海光寺各局每天制造子弹多少,现存多少"等绝密情报报告日本大本营。[⑤] 到甲午战争爆发时,日本对清朝政府、清军情况已经了如指掌,甚至比中国人自己更清楚各省可以抽调多少

[①] 许金生.近代日本对华军事谍报体系研究1868~1937.上海:复旦大学出版社,2015.387
[②] 近代以来日本的所谓"中国通",大部分出自陆军大学。陆军大学有良好的培养"中国通"的机制,非常重视汉语学习,因为只有懂中国语言,才能更加深入中国从事间谍活动。
[③] 许金生.近代日本对华军事谍报体系研究1868~1937.上海:复旦大学出版社,2015.388
[④] 姜子矶编著.日本间谍全传:无所不在的影子.南京:凤凰出版社,2011.82
[⑤] 戚其章.甲午战争国际关系史.北京:人民出版社,1994.163

人作战，保证了日本在战争中取得胜利。①

太平洋战争前期，日本依托其谍报网建立了庞大的战场情报保障体系。珍珠港基地的情报主要由以谍报为主的人力情报提供，因此，偷袭珍珠港成为日本谍报工作的经典之作。截至1941年5月，潜伏在珍珠港的日本间谍已多达200人，他们对珍珠港的天气、水文、地形和美军基地、飞机、舰艇的部署情况展开全面情报搜集。化名森村正的海军情报部少尉吉川猛夫，于1941年3月潜入珍珠港进行情报搜集。他最初每周向日本发回一次情报报告，随着战争临近改为每日一报，为日本海军提供了包括美军在不同日期舰艇停泊情况和出港情况、珍珠港美军飞机的机种和数目、珍珠港的防空设施和防卫力量等大量珍贵而准确的情报。② 在偷袭珍珠港路线的选定上，为确定北航线③实际情况，日军两次派出军官搭乘经北航线的船只进行实地考察，搞清楚了北航线的气象、海情及航道情况。④ 除了陆海军人的出色情报工作外，黑龙会、同文会等秘密社团成员也积极进行情报搜集活动，向大本营提供了很多有用信息。

武官情报是日本在其盟国、中立国派驻的武官提供的情报。在战争爆发以前，日本少不了向敌对国家派出大量有着合法身份的各军种武官。派驻各国的武官源源不断地向日本国内输送大量与驻在国、相关国家有关的情报，尤其在战争爆发前，情报数量十分巨大。比如，太平洋战争爆发前，日本海军向华盛顿派出了实松让大佐，向洛杉矶派出了立花止中佐，向西雅图派出了冈田贞外茂少佐，负责搜集美国海军的相关情报。向欧洲的瑞典派出了小野寺信大佐，向芬兰派出了广濑荣一少佐，这二人的情报在后来的战争实践中被

---

① 丁名楠等．帝国主义侵华史．北京：人民出版社，1973.331
② 刘宗和，高金虎主编．第二次世界大战情报史．北京：解放军出版社，2009.133
③ 北航线是日军选择到珍珠港的航线，这条航线经过阿留申群岛，远离美军岸基航空兵的飞机巡逻范围，一般无商船航行，便于隐蔽，但沿途海上气候恶劣，风大浪急，船只和飞机加油比较困难。
④ 刘宗和，高金虎主编．第二次世界大战情报史．北京：解放军出版社，2009.139

第二章　日本近代对外战争决策中情报保障的特点

证实准确度非常高。① 对美开战后，依靠派驻战争中立国阿根廷、西班牙、瑞士的武官，以及派驻轴心盟国德国的武官，日本依然能够获得大量情报。②

尽管日本从甲午战争时期就已经开始使用电报窃听技术，但整体而言，日本情报搜集领域的技术能力不足，比较倚重公开情报。尤其太平洋战争后期，由于日本密码破译能力弱，谍报、航空侦察等情报手段又受到极大限制，公开情报的重要性更加突出。乐善堂、满铁调查部、东亚同文书院等民间团体都是以公开情报为主要情报来源，汇总了大量有关对象国国情、政情、经情、军情的基础资料。日本公开情报工作具有起步时间早、调查规模大、工作效率高等特点。日本"情报天才"明石元二郎③也非常重视公开情报。他在俄国从事谋略活动期间，非常注重搜集和积累欧洲各国的报纸、杂志和书籍，通过这些公开的文书搜集情报，一定程度弥补了技术情报手段欠缺、能力较弱的不足，这对战后日本的情报工作也产生了重大影响。④ 太平洋战争前，日本的公开情报来源主要包括英国路透社、美联社、欧洲通讯社、《生活》杂志、《时代》杂志、《新闻编年史》《纽约时报》《纽约先驱报》、美国中央广播、香港广播、各国的军事杂志等，日本可以轻松取得这些资料。太平洋战争爆发后，日本通过当时派驻中立国瑞典的武官小野寺信和阿根廷的津田正夫

---

① Activities and Liaison with the Japanese Intelligence in Sweden and Finland, KV 2/243, The National Archives, Kew.

② 実松譲「日本軍とインテリジェンス―成功と失敗の事例から―」、『防衛研究所紀要』第11巻第1号、2008年11月。

③ 明石元二郎是陆军大学第五期的毕业生，时任驻俄武官。他是一个天才特工，日本人对他的评价是"明石大佐一人相当于十个师团"。在日俄战争期间，他接受参谋本部的绝密指令在俄国内煽动了很多破坏活动，比如资助俄国1905年革命，把俄国腹地闹得天翻地覆。

④ 战后日本的对外情报活动受限，谍报活动难以开展，日本不得不加大依托公开情报手段获取情报的力度。大量的情报人员以各种身份出现在世界各地，他们的情报目标主要是科技情报，他们学习各国的先进经验和先进技术，并以合法或半合法的身份搜集各种经济、技术情报。

间接获得这些杂志。①

表 2.1 为 1944 年 10 月 1 日至 1945 年 7 月 10 日日本海军军令部第一部收到的所有情报机构上报的情报数据。这一统计数据清楚地记载了情报来源，由此我们可以了解当时日本海军情报搜集活动的大致情况。

表 2.1 日本海军情报总量统计表

情报来源	情报数量
特种情报（通信情报）	393
武官报告	102
审问俘虏	27
虏获文件资料	2
谍报	7
陆军共享情报	11
外务省情报	2
公开情报（广播）	110
公开情报（出版物）	769
其他	23
来源不明	38
总计	1484

资料来源：1945 年日本海军军令部制作的《状况判断资料》。参见小谷贤「日本軍とインテリジェンス―成功と失敗の事例から―」、『防衛研究所紀要』第 11 卷第 1 号、2008 年 11 月。

从表 2.1 中的情报来源可以看出，从特殊情报到外务省情报这些应该算是非公开情报，占全部情报数量的 1/3 以上，公开情报数量占总数的大约 2/3。从这个比例来看，日本海军的情报大部分都是来自公开情报。② 作为技术情报的通信情报，总量虽然不算太多，但

---

① 山本武利编『第二次世界大戦期日本の諜報機関分析、第 8 巻欧米編 2』、柏書房、2000 年、121~139 頁。

② 事实上，当时日本对公开情报的依存度远不如现在。现在日本的情报来源中，秘密情报只占不到 10%，其他都是公开来源情报。

第二章　日本近代对外战争决策中情报保障的特点

在秘密来源情报中所占比例非常高。① 这主要是因为太平洋战争爆发后，日本在美洲和欧洲的谍报网几乎完全瘫痪，武官情报渠道也几乎被堵死，谍报工作面临极大困难，只能依靠技术情报和公开情报。

二、技术情报能力较之华、俄居于优势，较之美、英居于劣势

技术情报是通过科学技术装备和相应方法搜集获取的情报。② 技术侦察随着近代工业革命和科学技术发展而兴起，在第二次世界大战时期逐渐成熟。③ 第一次世界大战前夕，航空侦察、无线电技术侦察等新的情报手段出现。日本是最早使用信号情报④的国家之一，早在甲午战争爆发前，出于对清朝政府作战准备需要，日本外务省电信课课长佐藤爱麿就通过"钓鱼"手段破译了清朝政府驻日外交电报密码。⑤ 甲午战争爆发后，日本截获并破译了清朝政府驻日公使馆与总理衙门之间收发的全部密电，因此准确掌握了清政府的对日方针、作战意图及行动部署。⑥ 这可能是日本技术侦察最早取得的成果，但人力情报是这一时代日本的主要情报手段。在重大的军事行动之前，日本决策者都要亲自部署谍报人员，对相关区域和军事动态进行详细侦察。1905年的日俄战争中，日本海军第一次运用无线

---

① 小谷贤「日本軍とインテリジェンス—成功と失败の事例から—」、『防衛研究所紀要』第11卷第1号、2008年11月

② 张晓军主编．军事情报学．北京：军事科学出版社，2001.25

③ 技术侦察的主要手段有电子侦察、光学侦察、声学侦察等，进入21世纪后，网络侦察成为技术情报获取的重要来源。

④ 二战期间，日军称信号情报为"特种情报"，简称"特情"。日本的信号情报包括电报截收、无线电通信、无线电定位与测向、密码破译等内容。

⑤ 为破解清朝政府外交电报密码，日本外相陆奥宗光设下圈套，故意给清朝政府驻日公使汪凤藻递交了一份用汉语写的"诱饵"政府文书，即第一次绝交书。次日，日本电信课顺利截获了汪凤藻向清朝政府总理衙门报告该文书的电报。由于该密码电报的内容日方早已知晓，加上此前日本在清朝政府间谍掌握的清朝政府密码编写方法，日本最终成功破译了清朝政府公使馆的电信密码。

⑥ 宗泽亚．日清战争1894—1895．北京：世界图书出版公司，2012.177

电技术侦察俄军舰队的动向。此后日本的技术情报工作发展缓慢，逐渐落后于英、德等西方国家。

直到20世纪20年代，日本逐渐意识到技术情报的重要性，在波兰的协助下，开始建立专门的信号情报机构并培养密码破译人员。日本参谋本部在1923年邀请波兰军方的密码破译专家杨·考瓦莱斯基为陆海军信号侦察机构的学员讲授苏联密码设置规律与破译方法，介绍欧洲国家常用的密码以及破译方法。此后，为研究无线电通信并从事无线电密码破译，参谋本部第三部专门设置了第七课，这是日军正式进行无线电密码破译以搜集情报的发端。①

侵华战争期间，日本的无线电侦察技术得到迅速发展。日本陆海军都设有信号侦察机构，陆军主要负责苏联、中国方向，海军主要负责美国、英国方向。其中，日本针对中国和苏联的信号情报工作比较成功。在1931年"九一八"事变以前，日本就已经熟悉了中国密码的基本构成，甚至通过间谍弄到了国民党政府的密码本。② 由于国民党使用的外交密码、军事密码都比较简单，日本破译了其中的80%-90%左右。1930年，参谋本部又专门设置了暗号班，截收、破译中国、美国等国的密电通信，而且，通过在旅顺、天津、上海等地建立的"无线受信所"，即信号接收站，日军的无线电侦收网覆盖了中国的大部分地区。③ 通过监听和破译中国无线电通信，日本不仅掌握了国民党军队的动向和外交政策，还借由国民党了解到美、英许多重要情况。据日本原陆军省军官西浦进回忆，"七七"事变爆发前日军获得的有价值情报中有九成都源自无线电情报。④ 这充分说明无线电情报在日本侵华战争决策过程中起到的巨大作用。太平洋战争期间，信号情报开始在战场上发挥越来越大的作用。战争

---

① 许金生. 近代日本对华军事谍报体系研究1868－1937. 上海：复旦大学出版社，2015. 343
② 高橋久志「日本陸軍と対中情報」、『軍事史学』1991年、106頁、107頁
③ 由于当时无线电通信主要是短波，日本在短波接收技术不发达的情况下，需要深入中国腹地建立大量接收站以侦收更加清晰的无线电信号。从1929年起，日本参谋本部分别在中国的旅顺、天津、上海等地秘密建设了无线电接收站，开始了全面对华无线电谍报活动。
④ 西浦進『昭和戦争史の証言』、原書房、1980年、46頁

爆发后，日本在美国的谍报网几乎全部瘫痪，信号情报成为日本最重要的情报来源。但日本对美、英的信号情报工作并不成功，也未受到足够重视。日本只破译了美国的"灰密""褐密"和条形密码等外交密码以及部分低级别军事密码，对于难度较大的英国密码、盟军高级密码却始终束手无策。在太平洋战争中的更多时候，日本只能通过无线电测向和信号密度等大致推测出美国海军动向。

总之，进入20世纪30年代，技术情报成为日军搜集情报的重要手段，但是从整体而言，日本并不十分擅长利用技术手段进行情报搜集。正如战后美国对日情报工作调查团报告所述，"军令部第三部在最可靠最准确的情报来源上，尤其是侦察报告、照相侦察、缴获文件和俘虏等方面都有很大的局限性"。[1] 日本陆军所获取的战场情报主要来源于人力侦察，无线电侦察和航空侦察获得情报数量占比很小。特别是在太平洋战场上，日本的无线电技术更多用于对美军舰队的动向监测，而盟国方面更多体现在破译无线电密码后实施监听。通过密码破译，美国获得大量有关日本意图的准确情报，但日本技术情报提供的多为充满各种可能性的估计。[2] 中途岛战役中，日本忽视了雷达在情报侦察中的巨大作用，长期以来形成的傲慢自大心理使得日军没有派足够多的侦察机进行警戒，日军航母完全没有发现潜伏在附近的美国特混舰队，遭遇伏击从而失去战场主动权。[3] 美军此次战斗的胜利，证明航空侦察、无线电侦察等技术情报在战场情报搜集方面有着巨大优势。

战后，美国陆军情报局曾专门对日本的情报工作进行了调查，其中关于日本在太平洋战争时期的通信情报工作得出结论是，"日本最终也未能成功破解美英的高级加密通信情报"[4]。这份报告成为日

---

[1] 胡平. 情报日本. 南昌：二十一世纪出版社, 2011. 257
[2] 刘宗和, 高金虎主编. 第二次世界大战情报史. 北京：解放军出版社, 2009. 338
[3] 北冈俊明・戦史研究会『日本人の戦略の失敗』、PHP研究所、2008年、24頁
[4] J. W. Bennett, W. A. Hobart and J. B. Spitzer, *Intelligence and Cryptanalytic Activities of the Japanese during World War* II, Aegean Park Press, 1986, p. 6.

本太平洋战争时期密码破译能力有限的根据。尽管在太平洋战争期间日军成功破译了部分美英法中四国外交信号和中苏之间的军事通信信号,但无法与英、美破译的日本信号相提并论。

第四节 情报意识强烈,重视全民情报

从历史实践看,日本往往在酝酿和筹划战争时就展开对假想敌国的情报活动。如甲午战争前,日本在驻外公使馆设立谍报科,配置间谍武官,向中国派驻间谍和特务,还发动在中国居住的浪人、商人、僧人、医生、学生等拥有合法身份的居民帮助日本政府和军队搜集情报。此外,日本特务机构还重金收买中国人,利用中国人搜集中国的情报。随着战争实践的不断展开,产生了由陆军参谋本部和海军军令部领导的军方情报队伍和由浪人、普通日本人组成的民间间谍团体,日本逐渐形成了全民情报、官民结合的特有情报模式。

一、国民情报意识强烈

日本是一个情报意识很强的国家,整个民族、社会中每个阶层都有很强的情报意识。日本人在历史上就具有格外强烈的情报意识,他们渴望了解世界,渴望走出岛国,渴望进步。从天皇、政府到普通老百姓,都十分清楚岛国地理封闭、资源贫乏的现实。为了改善这种状况,他们视情报为生命,通过情报实现国家富强、民族进步。日本素以"情报立国"闻名于世,日本追逐一切对国家强大和发展有利的情报并加以吸收、借鉴,为其所用。[①] 从整体而言,日本国民

[①] 第二次世界大战以后,日本的国民经济几乎处于崩溃的边缘。在这种情况下,日本提出了"技术立国""贸易立国"的口号,大力引进国外先进技术加以吸收、改造、组合,为其所用。为了大力发展本国经济,非常重视情报的价值。他们认为"情报是生命,情报是金钱",信奉"科学研究是昂贵的,引进设备是高价的,而情报才是最便宜的","Idea is money, Information is power"等信条。

第二章 日本近代对外战争决策中情报保障的特点

的情报意识强烈，对情报工作的热情度高。日本历史上有很多毅然决然到海外从事情报活动的民间人士，其动机既非金钱，亦非名利，仅凭对天皇、对国家的一腔热情。一些人甚至出身名门，在情报搜集过程中即使再吃苦受累也心甘情愿毫无怨言。他们往往化装成最卑贱的阶层、从事社会最底层的工作，以掩盖间谍活动。按照西方国家的传统价值观，情报工作被视为一种不光彩、见不得人和非君子从事的活动，而在日本，情报活动却被塑造成一种高尚的爱国行为，把间谍工作看作一种爱国的光荣职责。[①] 日本民众有强烈的民族自豪感，近代以来，随着日本对外战争的不断胜利，丰厚的海外利益刺激了大批民众参与情报活动的热情，日本情报活动的基础迅速扩大，对外战争获得全民的广泛支持。

甲午战争的惨败给中国人精神上带来沉重打击。战争惨败的原因之一，便是中国人对于情报与反情报意识的淡漠，中国人和日本人对待情报的态度有着天壤之别，日本人的情报意识极强。日本自身存在国土狭小、资源贫乏的不足。因此，无论政府官员还是普通民众，都十分看重情报的价值，极为重视情报作用的发挥。日本人将孙子的"知己知彼，百战不殆"的思想运用到了极致，广泛搜集各类情报，为其所用。相比日本"全民情报国家"的情报搜集规模，甲午战争时期的中国，国家机构和军事体系中都没有设置专门的情报机构。长期锁国的清朝政府，妄自尊大，对外部世界的变化发展不感兴趣，"政府的对外窗口只有派遣公使，但公使除了出席礼仪活动外，在间谍活动上几乎没有什么作为"。[②]

日俄战争时期，不但日本政府和军队的情报机构广泛搜集情报，民间的秘密组织和普通百姓也组成了庞大的间谍网。他们的足迹遍布各地，以各种身份做掩护，进行大规模情报活动，不仅搜集军事

---

① [英]理查德·迪肯. 日谍秘史. 姜文灏，赵之援译. 北京：世界知识出版社，1984.2
② 宗泽亚. 日清战争 1894-1895. 北京：世界图书出版公司，2012.175

情报，对"地形、风俗人情之微"也都详尽了解。① 正如理查德·迪肯指出的那样，"近代史上没有任何其他陆军或海军，能够像日本那样在日俄战争爆发前得到大规模情报支持。日俄战争中日本的情报活动无论在策划还是在协调行动方面均属登峰造极"。② 日本人这种高度的情报意识和对国家情报工作的支持成为日本独具特色的情报文化。

二、官民结合，重视全民情报搜集

近代是军事情报兴盛的时代，情报舞台几乎完全被军事情报人员占据。情报主要为打赢战争服务，情报工作的主要内容侧重于军事方面，军事情报成为情报的代名词。除了各国政府部门专门设置的情报机构外，情报通常被民众视为军人的专属职业，非军人很少进入情报工作领域。军人垄断了情报事务，军事情报机构常给人以很神秘、很有距离的感觉。然而日本别具一格，不仅军人从事情报工作，普通民众也积极进行情报活动。

日本非常重视动员普通民众从事情报活动，长期反复向国民灌输"忠君爱国"的思想和"大振皇基"的全民情报观，强调情报活动是一项"崇高的事业，是报效国家的职责"。③ 政府和军队的情报人员自不必说，情报工作是他们的职责所在，关键在于大批无所事事的浪人、海外日裔侨民、秘密社团、极端右翼分子等民间力量，也响应号召积极从事对外情报活动。

日本的民间团体和普通百姓积极从事情报活动，与政府和军队密切配合，日本情报保障表现出全民参与的特点。太平洋战争爆发前，日本为搜集美国情报，派遣大量间谍到加利福尼亚沿岸和墨西哥湾地区。与此前派驻他国的间谍一样，日本移民迅速在这

---

① 孙建民，汪明敏，杨传英编著. 情报战战例选析. 北京：国防大学出版社，2010.28
② [英]理查德·迪肯. 日本特务在中国. 索群译. 北京：团结出版社，1995. 307~308
③ [英]理查德·迪肯. 日谍秘史. 姜文灏，赵之援译. 北京：世界知识出版社，1984.2

些地方扎根生活，从事各种职业作为掩护，甚至有人通过向墨西哥人传授捕鱼技巧进行谍报活动。日本几家渔业公司在墨西哥专门设立了代表处，其员工经常乘坐南太平洋沿岸铁路的火车，用长焦相机拍下沿途各种军用设施，搜集地理、水文等情报并发回日本。美国反间谍人员约翰·L·斯皮瓦尔在调查这一时期日本的间谍活动时发现，"日本工程师化装成普通铁路工人，日本农民装扮成当地农民，潜入美国边境南侧具有战略意义的区域大肆进行破坏活动"。①

第五节 重视谋略活动

从情报机构功能②的角度看，日本情报工作的一大特点是热衷谋略活动。近代以来，在历次战争中，或是在战争发生前或是在战争期间，日本的情报机构都组织了相当成功的谋略活动。谋略活动实现了常规军事行动难以实现的目标，有效配合了日本军队的正面战斗，在帮助统治集团达成战争目的方面作用十分明显。大量谋略活动将日本情报机构从幕后推向前台，直接为侵略战争服务。

《孙子兵法》中"不战而屈人之兵"的思想深深影响了日本情报工作的理念。通过各种谋略手段对敌国内部各势力进行瓦解和离间，最终使敌国不战而败或直接成为自己的附庸，成为日本情报谋略活动的追求目标。日本情报机构将大量的人力和物力投入到欺骗性宣传、在目标国建立"第五纵队③"、监视占领区的人民和扶植傀儡政权等活动上面，日本称这种活动为"谋略"，实际上就是今天的

---

① ［英］理查德·迪肯.日谍秘史.姜文灏，赵之援译.北京：世界知识出版社，1984.191

② 笔者认为，情报机构最基本的功能主要有三个：一是提供情报（通过搜集与分析），二是反情报，三是谋略活动。类似观点可见美国"阿斯平—布朗委员会"报告《为21世纪做准备——美国情报评估》中的关于"情报的职能"（functions of intelligence）部分。

③ 第五纵队，指在内部进行破坏，与其他人里应外合，不择手段意图颠覆、破坏某个国家团结和社会稳定的组织，亦指隐藏在对方内部、尚未曝光的敌方间谍。

隐蔽行动①。实松让在《国际谋略——改变世界的情报战》一书中，将谋略定义为"能够让既存的和潜在的敌人对己方的能力和意图产生错误认识的所有策略"②，然而，日本历史上展开的谋略活动其范围远远超出了这个定义。无论是美国的隐蔽行动还是日本的谋略活动，其追求的目标都是实现其国家对外政策，是众多对外政策工具中的一种。③

一、谋略活动在日本对外侵略过程中作用重大，地位突出

日本人对于谋略活动有一种天生的喜爱。他们认为要想战胜对手，在战场上用兵得当是基础，开展谋略活动是重要补充，二者均不可或缺。赤裸裸的军事侵略容易引起国家间的直接对抗，战争会给参战双方带来巨大生命和财产损失，而谋略活动具有隐蔽性，采取不十分暴力和极端的方式同样可以达到军事目的。因此，谋略活动历来受到日本的重视。在征服他国的过程中，日本往往不吝人力物力进行谋略性宣传，蛊惑人心，对交战国人民发动心理攻势，并通过无线电广播、传单、报纸、杂志等媒介对战事进行虚假宣传以动摇对方军心。

日俄战争中，明石元二郎在俄国国内组织实施了大量反对沙俄政府的颠覆活动。他曾召集流亡海外的对沙俄政府持异议的反对派，

---

① 隐蔽行动是美国情报理论与实践中独有的一个术语。冷战期间，美国为维护西方的所谓民主自由制度，遏制苏联扩张并最终战胜苏联，综合运用隐蔽的政治战、经济战、心理战和准军事行动等斗争手段，以给苏联制度造成最大程度的紧张为目的采取了一系列行动，被称之为隐蔽行动。隐蔽行动是美国遏制战略中的重要内容。如今，隐蔽行动特指政府为实现外交政策目标，通过秘密行动，对外国政府或外国政治、军事、经济、社会事件及社会环境施加影响的一种努力。参见［美］艾布拉姆·N. 舒尔斯基，加里·J. 斯密特. 无声的战争——认识情报世界（第3版）. 罗明安，肖皓元译. 北京：金城出版社，2011. 123

② 実松譲『国際謀略—世界を動かす情報戦争—』、講談社、1966年、5頁

③ ［美］艾布拉姆·N. 舒尔斯基，加里·J. 斯密特. 无声的战争——认识情报世界（第3版）. 罗明安，肖皓元译. 北京：金城出版社，2011. 126

向他们资助金钱和军火以挑起内乱促使沙俄政府垮台。在日俄战争期间，他先后策动了俄内政部长遇刺、4600人规模的工人请愿、战舰官兵起义、退伍军人拒服兵役等一系列政治事件，使俄国政局剧烈动荡，军队力量被分散，内外不能兼顾。明石元二郎的一系列敌后谋略活动对日本最终打败俄国起到非常大的作用，其贡献甚至超过指挥日本联合舰队在日本海大败俄国舰队的东乡平八郎。此后，日本在对外进行侵略扩张时便更加重视谋略的运用。在全面侵略中国过程中，日本认识到单纯依靠武力推翻中国政府、用暴力方式征服并统治中国人民是不现实的，于是选择了政治策反与诱降中国各级官员、扶植伪政权的方式，让这些日本傀儡统治中国人。谋略活动使日本避免人员伤亡、物资消耗的同时，达成了侵略扩张的目的。以土肥原贤二、影佐祯昭为代表的谋略家长期在中国上层社会活动，他们积极策划和实施谋略活动，发挥了普通情报人员难以想象的作用。"九一八"事变后，日本特务打着"民族自愿、民族自决"旗号，在中国各地建立为日本人服务的伪政权，攫取了大量政治利益和经济利益。侵华战争陷入持久战之后，为了尽快结束战争，日本对国民政府采取了"军事进攻为辅，政治诱降为主"的方针，专门从事谋略活动的参谋本部军人今井武夫策划了"桐工作"[①]试图诱降重庆政府的蒋介石。虽然最终诱降没有成功，但这一事件充分反映出日本重视谋略的情报理念以及谋略活动在情报活动中的重要地位。与其他情报活动比较而言，在侵略中国过程中日本特务机构进行的谋略活动取得了更大"成绩"。

二、谋略活动形式多样，历史经验丰富且手段专业

为顺利达到侵略目的，日本的情报机构组织了各种谋略活动，

[①] 侵华日军于1938年底相继攻占广州和武汉后，因战线延伸过长，兵力疲惫，补给亦日益不足。为尽快结束对中国的战争，日本确立通过谈判诱降蒋介石政府实现日中"和平"的方针，即"桐工作"。与此几乎同时进行的还有诱降汪精卫的计划，目的都是为了让日本兵不血刃地占领中国。

诸如收买汉奸（特务、奸细、内线等）、造谣生事、挑拨离间、煽动叛乱、制造事端、绑架暗杀、策动政变、制造分裂、扶植傀儡、建立伪政权等。① 此外，日本还发动心理战②，迷惑占领地的民众，减小统治过程中的阻力。还发动经济战，私印假钞、贩运毒品并大肆走私，扰乱当地国民经济活动，破坏国家战争基础。日本参谋本部、军令部领导和设立了各种各样的特务机构，分布广泛在世界各地，谋略活动主要就是由这些特务机构负责实施。随着侵略战争的扩大和谋略活动地位的日益突出，日本特务机构的规模也日益膨胀，组织策划谋略活动的同时，还担负监视和调查敌国军队动向、了解当地国民舆论、搜集对方国家情报、监视傀儡政权等任务。③

早在甲午战争期间，日本就实施过谋略活动。日本间谍掌握了北洋舰队提督丁汝昌忠贞爱国、体恤下属的性格特点以及当时战场态势不利引发舰队人心不稳、有人贪生怕死意欲投降的情况，以日本联合舰队司令的名义发送劝降信，施加军事压力的同时散播谣言，以瓦解北洋水师军心，导致丁汝昌被迫自杀和北洋水师覆灭。④ 侵华战争中，为征服中国，日本特务机构进行了许多谋略活动。日本女间谍南造云子⑤通过色诱控制了国民党政府掌管最高机要文件的秘书黄浚，导致中华民国政府的绝密情报大量被日本军部掌握。此外，日本特务在中国四处寻找代理人，建立傀儡政权，如在中国东北扶植溥仪建立伪满州国，在华北扶植殷汝耕建立"冀东防共自治政

---

① 参见逢复主编. 侵华日军间谍特务活动纪实. 北京：北京出版社，1993.1

② 明治维新以后，日本不断对外侵略扩张并对其罪恶行径进行了大肆粉饰和包装，以迷惑占领地的民众。1910年殖民朝鲜时，日本打着文化认同旗号提出了"内鲜一体"的口号；"九一八"事变后，日本入侵中国东北建立伪满洲国时又提出了"王道乐土"和"五族协和"等口号。不管说得多么好听，本质都是为了掠夺当地资源、获取利益。在"南进"过程中，日本将侵略行为解释成"解放与复兴亚洲、创建大东亚共荣圈"，把自己从一个侵略他国的殖民国家，装扮成受西方殖民者伤害和奴役的亚洲一员，厚颜无耻地对自己的侵略行为进行美化和正当化。

③ 刘宗和，高金虎主编. 第二次世界大战情报史. 北京：解放军出版社，2009.406

④ 宗泽亚. 日清战争 1894—1895. 北京：世界图书出版公司，2012.178

⑤ 南造云子是侵华战争期间最有名的日本三大女间谍之一，但对于南造云子其人的真实性，史学界仍存疑义。

府",在南京扶植汪精卫成立伪国民政府,妄图"以华治华"分裂中国。

日本非常重视情报人员的培养教育,把人的因素视为情报能力建设的决定性因素,坚信人才是获取情报的主体,致力于打造优秀的情报队伍。1938年,参谋本部第二部设立了专门负责谍报谋略和特务活动的第八课,陆军省成立了培养专门从事谋略活动人员的机构——后方勤务人员训练所。该机构主要承担国际形势判断、宣传、谋略三个方向情报人员的培训任务,后来发展成为陆军中野学校。[①] 日本陆军的谋略行动,以及谍报、谋略人员的培训主要依托该机构进行。该机构为军国主义的侵略扩张服务,积极策划和执行颠覆、破坏、窃密、暗杀、渗透等谋略活动。太平洋战争爆发前,为阻断美国对中国的支援,日本陆海军情报机构在缅甸共同设立了"缅甸机关",其成员也大多来自中野学校。

三、谋略活动以达成目标为指向,不择手段

西方情报机构在从事谍报活动时,一般都会注意自身名誉和国际影响,而日本情报机构在进行谋略活动时,为了达到目的,常常不择手段。这也反映出日本情报活动的一个侧面,为取得斗争的最终胜利甚至可以没有底线,这是日本文化特征在情报活动上的具体表现之一。

以日本右翼民间团体玄洋社为例。该组织不仅负责帮助日本政府搜集情报,还干过不少罪恶勾当。它曾派出一个行动小组去朝鲜执行与东学党进行联络并给予支持的任务,导致朝鲜政府直接向日

[①] 中野学校先是由陆军大臣直接管辖,后改由参谋本部管理。到1945年日本战败为止,中野学校共培养八期正规学员,第一期有20名学员,后来逐渐增多,平均每期学员人数为100名左右。这些学员后来都成为日本间谍的骨干。中野学校的培训十分严格,根据不同的任务方向,学员要接受模拟对象国情况的仿真训练,学习对象国语言、生活习惯、风土人情,培训内容涵盖情报搜集、通信联络、武器使用、谋略技巧、野外生存等谍报人员必备的知识和技能。参见刘强等著.情报工作与国家生存发展.北京:时事出版社,2014.401

本提出了抗议,但这件事最终成为日本出兵干涉朝鲜的借口。玄洋社最重大的一桩罪行要属1895年谋杀朝鲜王妃闵氏。玄洋社的杀手潜入朝鲜王宫,残忍地杀害了当时在朝鲜政治上有显著作用的闵妃,并扶植大院君另立门户。此外,玄洋社等秘密社团还在中国和日本开设妓院,把中国各行业重要人物诱入其中并想方设法让这些人钻进他们事先设计好的圈套,再从他们身上套取情报。他们常用的手段包括雇用娼妓通过嫖客刺探情报、敲诈勒索或者贿赂收买,他们对情报对象的弱点和隐私进行了细致研究,以此进行要挟以获取想要的情报。太平洋战争爆发前,为套取美国太平洋舰队的机密情报,日本海军情报部的间谍买通了美国海军人员经常光顾的好几家妓院。

满铁调查部本质上是日本的情报机构。它不仅为满铁自身的经营扩张提供情报,还为日本军国主义的侵华政策提供依据。日本占领东北后,满铁配合侵略军作了大量在占领地区的宣传工作,协助建立伪政权,并在政治、经济方面对伪政权进行指导。[①] 在日本针对中国的几乎所有谋略活动中都能看到满铁的影子,它策划的针对重要人物的诱降、策反行动贯穿侵华战争始终。

日本情报机构还大量制造假币以扰乱中国经济,手段十分低劣。[②] 侵华战争期间,日本制造了总共约45亿元的伪钞,有30亿元在中国各地流通。[③] 日本大肆动用国家机器,伪造中国货币,直接导致中国货币贬值、物价横飞、人民生活困苦。日本使用大量假币收购中国的各种战略物资,以削弱中国经济实力并影响战略物资供应。

为征服中国,日本在中国实施"鸦片战略",毒害中国平民百姓。日本曾断言:"中国只要有40%的吸毒者,它就将永远是日本的附庸。"[④] 日本在中国推行"鸦片战略"有着明确目的和一套完整

---

① 孟宪梅,李红梅. 试析满铁的情报调查活动. 东北亚论坛,2003(6)
② 日本参谋本部下属的登户研究所的重要任务之一便是制造他国假币以扰乱该国的经济和金融秩序。
③ 刘宗和,高金虎主编. 第二次世界大战情报史. 北京:解放军出版社,2009. 408
④ 梅桑榆. 日本浪人祸华录. 北京:中共党史出版社,2005. 276

第二章　日本近代对外战争决策中情报保障的特点

的运营措施。该"战略"由日本军部制定,由日本政府下属的兴亚院负责具体实施。日俄战争胜利后,日本在中国东北设立了关东都督府并开始殖民统治。鸦片贸易成为日本在中国攫取利润的重要途径。"九一八"事变后,日本武力侵占了中国整个东北地区并逐渐向华北、华东扩张。侵华战争期间,日本强制在中国大量种植并专营鸦片,日军每占领一个地方,就将这一地区变成鸦片的贸易市场。为满足其军费和财税上的贪婪需要,同时摧残东北人民的抗日意志,1932年,日本颁布了《鸦片法》[①],建立了鸦片专营制度,对鸦片贸易进行垄断性管理。1937年"七七"事变后,日本针对战争扩大化的新形势,对其"鸦片战略"进行调整,公布了《断禁鸦片方策要纲》,宣称从1938年起,十年之内使鸦片吸食者人数降至零。[②] 但是,所谓"断禁鸦片"计划实际是日本政府为了扩大其贩毒利益做的表面文章,是日本消除舆论压力、欺骗国际社会的手段而已,对中国民众吸食鸦片没有任何条件限制,导致中毒成瘾的中国人数量越来越多。[③] 日本在中国大规模、有组织地制造、销售鸦片,瓦解中国人民意志,毒害中国人民身体,不仅获得了暴利[④]以补充战争的军费和物资,更严重恶化了中国社会风气,是一种非常阴险的统治与侵略手段。

[①] 《鸦片法》的规定中有诸多"不得",但其实是对不在伪满洲政府与专营机构控制下的鸦片生产和销售进行限制,是为了进行垄断经营,丝毫没有限制鸦片生产和销售的泛滥。当时东北各地的大城市烟馆遍布,甚至农村的乡、镇都有鸦片出售。《鸦片法》还限制罂粟的种植,但是从1933年至1937年间,鸦片种植区域扩大到伪满洲7省30县1旗,总面积达70万亩。据资料考证,当年人口不到2万的依兰县城有7家大型烟馆公开经营,可见《鸦片法》中所谓"禁烟"条款,实际毫无禁烟的本意。

[②] 董丹. 日本对中国东北的鸦片侵略. 中国社会科学报,2015(821)

[③] 据当时伪满洲国"禁烟总局"的统计资料,自该政策实行以后,新染鸦片并吸食成瘾的人数有255万人之多。仅1939年,吸毒人口数量就有160万人,占当时伪满人口总数的5.3%。

[④] 据日本学者后来推算,日本控制的大连宏济善堂在进行鸦片贸易的五年时间,共盈利大约10亿日元。在当时,10亿日元能够建造12艘最先进的航空母舰。由此可见日本"鸦片战略"从中国攫取钱财数额之巨。

小结

日本历来注重并擅长情报工作，尤其擅长战役、战术情报，由于战略思维缺乏，战略情报工作略显薄弱。官民结合、全民情报是其情报体制中的一大特点。日本人力情报的历史源远流长，日本一向善于组织间谍和平民进行情报活动。在侵华战争中，日本技术情报尤其是针对国民党政府的无线电信号侦收、密码破译取得较大成功，日军几乎完全掌握了中国国民党军队的部署和调动情况。在太平洋战争中，日本谍报网被摧毁，与英美两国相比其技术情报手段单一、复杂密码破译能力差的缺点暴露，军事活动的展开仅能依靠公开情报，在与英美的情报战中居于下风。此外，虽然日本情报搜集能力强大但分析能力不足，在侵华战争和太平洋战争中出现严重情报失误。

近代日本对外战争决策中的情报保障虽然存在诸多不足，如技术情报落后、情报分析能力不足和战略情报保障不力等，但是站在历史、客观的角度审视，日本的情报工作是高效且富有特色的。在甲午战争、日俄战争时期，日本情报的价值得以充分发挥，情报保障基本能够满足对外战争决策的需要。随着时代发展和战争规模的不断扩大，影响战争进程、决定战争结果的因素越来越多，决策者在进行战略形势判断、战略目标制定时面临更多挑战，对情报的依赖性越来越强。到了侵华战争时期，尤其进入太平洋战争以后，情报工作越来越专业化、系统化和科学化，情报搜集对于情报工作的整体支撑作用减弱，情报分析的作用越来越突出，尤其涉及国家安全和战争全局的战略情报的作用日渐突出。这是情报工作产生的新变化，更是情报自身规律的逐步体现。日本情报工作取得的成绩、产生的问题符合情报本身的基本规律。日本的情报工作很好地反映出情报具有的基本功能、局限性以及对战争决策产生的影响，使我们可以更加直观地了解情报与决策二者关系的复杂性。此外，由于日本对外侵略扩张的步子迈得过大过快,情报保障的能力建设未能跟上,这也是导致情报失误的原因之一。由于日本法西斯走上军国主义道路,对外侵略扩张成为国策,扩大战争成为国家的不二选择。在这种情况下,处于弱势地位的情报只能被动参与决策,保障决策的实施,对于战争决策本身的支持和辅助作用很难得到充分发挥。

第三章 日本近代对外战争决策中情报保障的主要影响因素

对外战争决策非常复杂,既受到决策机制内部特性的制约,又涉及对外发动战争面临的危险和挑战,所以科学的对外战争决策离不开情报的辅助作用。虽然情报保障决策、决策指导情报的逻辑关系是一个几乎人所共知的常识,但历史上能够真正做到这一点的国家并不多。情报不仅不是影响战争决策的唯一因素,在实践中还有很多因素影响着情报对战争决策的保障效果。进行情报保障研究时,尤其应更多关注决策者。决策者是否对情报的功能与局限有全面理解,是否关注情报的搜集和分析需要在哪些方面改进等,会直接影响到情报工作的优劣。按照对情报工作的态度,决策者大体可以分为了解情报工作流程、善于解读并利用情报的和不重视、不愿意或者不愿意解读并利用情报的两类。[①] 某些决策者非常重视情报的作用,在决策前必须命令和指导情报机构进行相关方向的情报搜集活动,之后在大量情报支持的基础上做出决策。而某些决策者又非常自信,认为自己比专业情报人员对一些事件的理解更全面、更深刻,对事物发展趋势的预测更准确。他们更加相信自己的判断,视决策为自己专属权利,不允许情报人员就决策内容发表观点,更不能容

---

① 了解如何应用情报的决策者通常对于情报的理解都比较切合实际,知道情报能做什么,不能做什么。不会有效利用情报的决策者的情况则各不相同,导致其疏远情报的原因相当复杂。

忍任何不同意见。① 决策者在决策时如果无法获得客观的情报，只凭直觉、经验或者主观意愿进行决策，这样的决策将产生极大的风险和不确定性，决策过程中的独断专行往往导致严重的决策失误。本章中，笔者将从积极因素和消极因素两个方面，对影响日本近代战争决策中情报保障的主要因素进行分析。

第一节 影响战争决策中情报保障的积极因素

影响战争决策中情报保障的积极因素根源于军事斗争的客观需要。经济和科学技术的发展为情报保障能力与水平的提高提供了物质基础。积极进取的情报文化、决策者对于情报工作的重视和提出的情报要求等为情报工作的发展提供了动力。由于情报工作是在敌我之间进行，具有激烈的对抗性，在己方情报与敌方反情报的互动关系中，如果敌人保密意识不强、反情报措施不力等，会为己方情报工作的顺利展开提供有力外部条件。

一、军事斗争客观需要情报

情报是军事斗争的产物，特别是战争的产物。战争催生了情报的产生，并催动情报工作不断向前发展。情报是为战争服务的重要手段之一，发动战争需要情报，打赢战争更依赖情报。有战争就有情报活动，区别只是情报活动的主体、手段、规模等不同而已。处于战争中的双方，情报工作做得好的一方赢的可能性远大于另一方。在古代的战争中，情报工作主要由将领自己完成，根据自己的感官对敌人和环境进行判断。随着战争规模的扩大，

---

① 在这方面最突出的例子是斯大林。斯大林拥有世界上最好的情报机构，那些情报人员不是为了钱，而是为了理想从事着情报工作。然而，斯大林却不相信情报人员的话。斯大林坚信，别人会背叛他，特别是这些以"撒谎"为职业的间谍。苏德战争爆发前，当潜伏在德国空军司令部的苏联情报员发来一份情报说德国随时可能进攻苏联时，斯大林竟然在报告旁边批示："或许我们应该告诉这个情报员滚他妈的蛋！它提供的不是情报，而是谎言。"

战争手段增多，战场指挥对情报的依赖性越来越强，对情报的及时性、准确性、有效性等也提出了更高的要求。这时，情报工作不能仅由军事将领个人完成，必须由专业的情报侦察力量进行。在中国古代，这种专门从事情报活动的群体被称之为"耳目""游士""斥候"等。近代工业革命后，随着新军制的建立，情报工作日益制度化、精细化和系统化，在战争中发挥着越来越重大的作用。

日本恶劣的自然条件和相当匮乏的自然资源造就了日本人强烈的危机意识，他们坚信强者生存的自然法则，对拓展生存空间有一种本能的欲望。早在16世纪的幕府时代，日本就已经躁动不安，产生了对外扩张的念头。1578年，丰臣秀吉立志要对外发动战争，"图朝鲜，窥视中华"，他的对外扩张思想对之后的日本国家发展战略产生了深刻影响。近代以来，一直闭关锁国的日本意识到，只有富国强兵才能避免沦为殖民地，要想成为能与西方列强平起平坐的大国，只有快速发展经济，而迅速致富的捷径就是向周边扩张。扩张需要发动战争，进行武装侵略，扩军备战因此成为明治维新后国家的一大要务。经济发展是提升军力的基础，经济发展又需要军事力量的保护，经济上的扩张需求与急功近利的心态，使日本军事建设充满侵略属性。因此，在经济利益的驱动下，日本不惜一切代价对外发动战争。日本的对外扩张和战争狂热催生了情报活动的一波又一波高潮。战争是情报工作发展的强大推动力，不断扩大的侵略战争对日本情报工作提出了更高的要求。日本对战争和如何打赢战争的认识也在不断深化，为了适应日趋复杂的军事斗争形势，日本情报机构也实现了相应发展。

二、经济发展和科技进步为情报能力的跃升提供了物质基础

明治维新后，日本近代情报体系逐渐建立起来并日益完善。情报在日本对外战争中发挥了重大作用，情报机构经受住了甲午战争、

日俄战争的检验，官民结合的情报体制也被证明适合日本的国情。通过战争，日本攫取了大量财富和殖民地，经过两次资本主义工业革命的洗礼，日本国内经济得到迅速发展，尤其是与军事工业相关的重工业更是发展迅猛。在这种情况下，日本的情报热情更为高涨，情报建设取得了丰硕成果。

在甲午战争时期，日本的情报工作主要依靠人力手段，通过派遣间谍到对方国家进行实地侦察获取情报。这一时期虽然出现了窃取电报的技术情报手段，但应用尚不十分广泛。到日俄战争时期，日本情报工作的高效性逐渐显现并释放出巨大威力，为日本制定对俄战争决策提供了良好的情报支撑，也为日本的对外侵略扩张提供了有力保障。随着时代的发展和科技的进步，战争形态发生很大变化，情报活动的主体、手段、范围等都发生变化，情报对于科学技术的依赖性增大。进入20世纪以后，随着无线电通信技术、航空技术、密码破译技术和电子技术等出现并被广泛应用于战争领域，情报侦察的手段有了极大的发展。侵华战争时期，日本充分发挥无线电侦察的作用，破译了大部分国民党政府、军队的无线电通信密码，掌握了国民党军队的动向，使得日本在战争初期始终占据主动。历史上规模空前的第二次世界大战爆发后，很多高科技武器出现在战场，情报工作也受到科技发展的影响，技术情报开始在战场上发挥主导作用，情报技术实现了跨越式发展。需要注意的是，日本虽然较早接触并使用了技术情报手段，然而此后在情报手段的扩展、情报技术的改进与反情报方面，与英美相比不占优势，对技术的吸收与应用比较迟钝。

三、积极进取的情报文化是情报工作发展的间接动力

文化是一个社会经济和政治在观念上的反映，会潜移默化地影

响和反作用于经济和政治。文化不是行为，但文化可以影响行为。①一个民族、社会形成的文化往往深入人心，并表现为指导人们行为的思想意识、生活习惯和行为方式。决策者在进行战争决策的时候，在认识和使用情报的时候，在制定国家战略的时候，都会很大程度上受到其所处时代、所处社会文化的影响。日本的文化传统对日本情报工作的发展有着举足轻重的作用。

情报文化是指一个国家或一个民族对情报工作的态度，如人们对情报工作的认识、情报实践中的惯例、情报实践中遵循的准则、情报工作的体制机制等。② 情报文化是在历史经验教训和民族社会文化的基础上积淀而成的，是在漫长的情报工作实践中逐渐形成的，是一个国家或民族的思想在情报领域的具体表现。情报文化不仅体现为单个情报工作者的思维方式、工作习惯等，更表现在整个情报工作的几乎所有领域，包括思维模式、工作流程、道德法制等。作为亚文化的一种，情报文化在情报工作中形成并对情报工作产生潜移默化的影响。这种影响具有双重作用，先进的情报文化推动情报事业发展，落后的情报文化自然极大阻碍情报事业发展，甚至会影响到国家决策的正确与否。情报文化是情报工作的灵魂，优秀的情报文化对情报工作的效率提升、精神打造有着重要影响。情报文化虽然无形，却实实在在影响着情报工作者的工作和生活。在影响情报工作运转的各种因素中，情报文化的影响是最持久、最稳定、最隐蔽的。

不同的情报文化会对情报工作的发展起到不同的作用，不同的民族文化对情报工作的影响各不相同。③ 布鲁斯·D. 伯尔考威茨和

---

① 官玉振. 中国战略文化解析. 北京：军事科学出版社，2002.17
② 刘宗和，高金虎主编. 外国情报体制研究. 北京：军事科学出版社，2003.7
③ 比如英国社会重视传统，重视保密，讲究绅士精神，其情报文化倾向于保守。英国是世界上较早建立常设情报机构的国家，但情报工作是一个讳莫如深的话题。美国是一个由移民组成的社会，社会氛围更加开放，制度更加公开透明，这也反映在美国的情报文化上。美国形成了独特的情报文化，情报活动被视为国家安全的第一道防线，法律明确确定了情报体制在整个国家决策体制中的地位，规范了情报机构的活动范围，防止情报机构凌驾于法律之上。在美国，情报要交由公众讨论，公众有必要了解情报的现状、可能遇到的挑战以及应对方法。

阿兰·E. 古德曼在《服务于美国国家安全的战略情报》的开篇提出："战略情报是一项公开的政策，能够让公众进行讨论。"① 这说明美国战略情报的公开性与可讨论性。日本在长期从事情报活动的实践中，产生了自己独特的情报文化，这种情报文化反过来又对日本的情报活动产生影响。近代日本情报工作取得的成果和表现出的不足，都是与它的情报文化分不开的。

日本特殊的地理位置和相对恶劣的生存环境塑造了日本民族强烈的危机意识。"黑船来袭"② 后日本被迫打开国门，同西方列强签订一系列不平等条约，这更加重了日本的危机感。浓重的危机感使得日本极为重视情报工作。历史上，日本形成了一种积极进取的情报文化，这种情报文化带有强烈的"忠君爱国"思想意识、武士道精神以及军国主义价值观。这种情报文化贯彻到每一个情报工作者的工作生活和价值信念当中，推动近代日本情报事业向前发展。日本官民结合的情报体制和情报工作中展现出的强烈的进取心促成日本情报保障的高效率。在世界历史上，没有一个国家能够像日本一样建立起全民情报体制，也没有一个民族能够像日本民族一样每一个人都有积极进取的情报意识。情报帮助日本了解世界，帮助日本实现了经济快速发展，情报为日本的对外侵略扩张提供了有力保障。

四、决策者对情报的需求与重视是情报工作发展的直接动力

幕府统治结束后，日本开启了资本主义现代化进程。由于明治维新前的200多年日本一直是闭关锁国状态，统治集团认识到自己与西方列强存在的巨大差距，痛感自己落后于时代，决意要"求知

---

① Bruce D. Berkowitz and Allan E. Goodman, *Strategic Intelligence for American National Security*, Princeton: Princeton University Press, 1989, p. ix.

② 指1853年美国以坚船利炮威逼日本打开国门。美国东印度舰队司令马修·佩里将军率领四艘军舰到达日本东京湾，以武力威逼当时的幕府政府打开国门。

识于四方",向全世界学习。于是,日本开始向西方先进国家派遣使节团、考察团和留学生,以搜集国家治理、政治运行、经济发展、军事建设、法制法规等一切和资本主义现代化相关的情报。同时,日本接受了西方的强权政治理念,军事野心不断膨胀,确定了对外侵略扩张的国家发展战略。该战略对于日本情报工作提出了进一步的需求,促进了情报机构的发展。

明治维新初期日本对外情报工作相当薄弱,远远不能满足国家发展的需要。虽然日本间谍不知疲倦地到中国各地刺探、打听,但是,他们在情报的总结、归纳和精加工方面技巧较差。日本人特意向西方尤其是德国人学习了这方面的技巧,主要是情报知识和谍报技能。德国"间谍大师"威廉·苏迪威尔在日本情报力量的基础建设方面做出极大贡献。他毫不吝啬地将自己积累的谍报经验与技艺倾囊相授。这些技艺虽然在现在看来微不足道,但是在当时,却令那些毫无经验的日本情报人员大开眼界,并将其奉为圣贤之论。[1] 另一位德国人,陆军少校梅克尔[2]在日本待了十年,向日本传授了大量谍报技巧,培养了一大批优秀谍报人才。[3] 日俄战争中,时任满洲军副总参谋长儿玉源太郎曾专门给梅克尔打电报,将日本打胜仗的功劳归结于梅克尔的教诲。[4] 南满铁道株式会社成立后,其调查部在中国大肆进行情报活动,为提高自身情报的工作技艺,满铁也曾邀请德国情报分析专家奇思博士和德国主管警察业务的内务部参事维德弗尔德博士到日本指导情报工作,主要学习情报资料的整编和分发方法。[5]

---

[1] 魏大庆,罗克祥等编著. 诡狐——日本特工行动档案. 石家庄:河北人民出版社,1998.8

[2] 1885年,原普鲁士陆军参谋长莫尔特克伯爵的学生梅克尔少校应邀来到日本,对日本的谍报工作进行了大力指导。他将德国在谍报方面的先进经验倾囊相授,并结合日本的实际情况,提出了"增进手段、加强组织"等改进措施。

[3] 张卫编著. 日本特工. 北京:金城出版社,1998.8

[4] [英]理查德·迪肯. 日谍秘史. 姜文灏,赵之援译. 北京:世界知识出版社,1984.37

[5] 张卫编著. 日本特工. 北京:金城出版社,1998.8

五、对手情报意识薄弱为日本情报工作取得成功提供外部条件

客观而言,虽然日本情报工作确实存在情报人员数量多、意识好、行动谨慎,以及情报手段丰富,情报活动隐蔽性强等优点,但是,如果日本情报窃取对象的防间保密工作做得扎实,政府、军队、国民都有严格的防间保密意识,国家重视情报与反情报工作,那么日本的情报窃取就不会如此容易,情报工作也不可能取得如此大的成绩。

在甲午战争和日俄战争期间,清朝政府对情报工作漠不关心,反间谍措施不力,日本间谍能轻而易举地进入中国进行情报搜集。清朝政府政治腐败,人心涣散,几乎没有人注意到日本间谍的活动,更遑论培养保密意识、制定防谍防间的制度规则。此外,中国历史上以天朝上国自居,有强烈的妄自尊大和轻视日本的传统心理,导致中国对日本缺乏足够的重视。这两方面因素相互作用,客观上给日本间谍窃取清朝政府机密情报提供了便利条件。但反观日本,其严密的情报工作保障了陆海军在甲午战争各个阶段的作战行动。1893年,就在朝鲜局势、中日关系日益紧张之时,日本陆军最高领导人之一的川上操六来华进行情报侦察。直隶总督李鸿章非但毫无警戒之心,反而以炫耀实力的心态主动带领他各处参观,主动送上情报。结果川上操六就是后来甲午战争的总策划者。更有甚者,军人间谍石川伍一仅以区区"谢礼银洋八十元"就从天津机械局书记员刘棻的手中获得有关清朝政府军事实力的绝密情报。[①]

日俄战争爆发前,俄国对战争的准备严重不足,尤其是对有关日本的军力和综合国力的情报严重匮乏,以致产生骄傲轻敌的思想,认为日本人身小体弱不堪一击,"扔顶帽子就可以把他砸倒"。[②] 直

---

① 戚其章. 甲午战争国际关系史. 北京:人民出版社,1994.273
② 李永昌. 尼古拉二世传. 成都:四川人民出版社,1997.157

到日俄战争爆发前，俄国都还没有明确旅顺港面临的最大敌人到底是谁，有人甚至认为势必同德国作战，没有针对日本作战的任何研究。俄军不仅在精神上处于懈怠状态，备战状态之差也骇人听闻。俄国军官不被允许查看要塞附近的地形，日本参谋本部化装为洗衣工和苦工的谍报人员却可以在炮台附近任意活动而不受到阻止。俄军私用和军用的电话线并未加以区分，即使是最重要的军事通话都可以为任何人窃听。① 从双方对敌我的认知程度以及备战情况不难看出战争胜负的天平将朝哪一方倾斜。

但是，进入20世纪30年代后，由于日苏两国在边境附近不断爆发摩擦，苏联对日本采取了严密的反间谍措施。无论是正常从事贸易往来的日本民间人士还是日本驻莫斯科官员，都会被苏联内务人民委员会严密监控，日本情报人员很难开展情报搜集活动。不通过正规外交途径日本间谍很难潜入苏联，即使成功潜入也会迅速被捕，潜伏时间最长的只有一周，日本间谍在苏联基本无处藏身。② 由此，我们能够看出反情报工作的重要性，加强防间保密意识的培养十分必要。

第二节 影响战争决策中情报保障的消极因素

尽管从整体而言，日本战争决策中的情报保障效率较高，取得不少成绩，尤其是在甲午战争和日俄战争中，情报工作可以说圆满完成了保障决策的任务。但是，日本的情报体制、情报工作中依然存在不合理和不完善的地方。诸多消极因素的存在限制了情报辅助战争决策作用的发挥。尤其到侵华战争和太平洋战争时期，这些消极因素表现得愈加明显，对战争决策中情报保障的影响越来越大。

---

① ［英］J. F. C. 富勒．西洋世界军事史：第三卷．纽先钟译．桂林：广西师范大学出版社，2004. 128

② 小谷賢「日本軍のインテリジェンス　なぜ情報が活かされないのか（講談社選書メチエ）」、講談社、2007年、52頁

第三章　日本近代对外战争决策中情报保障的主要影响因素

一、情报保障机制不完善，情报工作缺乏统一指导

从日俄战争结束后到发动太平洋战争前的这段时间，日本情报机构设置已经相当齐全，数量也不少，但情报机制尚不完善。战时日本陆军最高指挥机关是参谋本部，海军是军令部。陆军部和海军部不仅在作战方向上有着巨大分歧，在情报建设上也各自为政。陆海军分别拥有自己的情报系统，二者相互独立，互不统属。① 由于缺乏一个最高的情报指导机关的统一领导，陆军和海军两大军种情报机构之间缺乏协调和合作。此外，隶属政府的外务省也有属于自己的情报系统，军事情报机构与政府情报机构之间更加缺少情报的共享与交流。

日本情报机构尽管数量庞大，情报来源多且杂，但是情报机构之间互相倾轧，不能形成一个紧密的情报合力。这种局面长期存在且一直没有得到改善。当日本以中国为战略对手时，这种情况的弊端表现得尚不明显。当日本的对手是美国时，面对美国强大的综合国力和战争潜力，日本情报不能共享的劣势就完全展现出来。客观而言，即使情报工作做得再好，战时面对绝对实力远远超出自己的对手时，取胜的可能性也很小，这时情报的保障作用就体现在阻止决策者贸然发动几无胜算的战争。此时，如果决策者不采纳情报机构的合理建议，坚持己见则会直接导致战略决策的严重失误。

我们经常能够发现，不同时期日本陆军、海军、政府往往有着自己的战略目标，对于国家的发展方向有自己的主张，这种情况决定了他们各自必然有着不同的情报需求。受到派系主义影响，日本统治阶层内部的这三股势力经常互相倾轧、互不相让，这三个系统下属的情报机构也相应进行自己的情报搜集工作，相互之间缺乏有

---

① 但陆海军情报机构有时也会有联合，比如在太平洋战争爆发前，陆海军在缅甸共同设立了"缅甸机关"。

效协调与合作。这一问题在陆军和海军之间表现得尤为突出。例如，太平洋战争期间，陆军在密码破译和密码设置两方面的技术均领先于海军。日本陆军破译了一些由 M-94 和 M-209 密码机生成的美军密码，但没有与海军分享成功，甚至陆军知道海军密码被美国破译后都没有及时通知海军。[1] 曾破译出美国密码的密码专家陆军少佐釜贺一夫因向海军传授密码相关知识，令陆军参谋总长极为不快，他认为密码破译方法是只属于陆军的高级机密。不过，日本海军的作战密码早在 1942 年 6 月的中途岛海战前就已经被美国破译，即使学习了密码破译也为时已晚。[2] 这充分表明日本陆海军在情报搜集领域也激烈竞争，内斗严重。

随着战争的不断扩大，情报不能共享的弊端也显露得越来越明显，日本意识到其国家情报体制存在重大缺陷。为了统合并协调各情报机构的工作，近卫在第二次组阁的 1940 年建立了内阁情报局，试图从整体上对情报工作进行统一管理与筹划。从后来的效果看，该机构未能发挥预期作用。到了太平洋战争的最后阶段，即便在极为严峻的形势下，日本陆海军依然不能形成情报共享，这成为日本独有的问题。[3]

日本情报体制中情报机构各自为政，不仅不能情报共享，反而相互敌视，甚至产生恶性竞争，这对于一个骨子里带有集团意识的民族来说是十分罕见的现象。这一现象反映出情报以及情报工作的特殊性，如果不能充分认识到情报共享的重要性，而一味强调情报保密和情报竞争，情报工作将陷入极为尴尬境地。各自为政、缺乏统合的情报机制会严重制约国家进行战略决策。

---

[1] 小谷賢「日本軍のインテリジェンス なぜ情報が活かされないのか（講談社選書メチエ）」、講談社、2007 年、137 頁

[2] Kent Kotani, *Japanese Intelligence in World War II*, Westminster: Osprey Publishing, 2009, p. 162.

[3] 小谷賢「日本軍とインテリジェンス——成功と失敗の事例から」、『防衛研究所紀要』第 11 巻第 1 号、2008 年 11 月

二、情报机构地位低下

近代以来，以普鲁士为首的西方国家先后进行军制改革，设立总参谋部以辅助最高军事将领进行决策。在这种体制下，情报参谋被明确排除在决策体系以外，日本也不例外。此外，受传统军事战略和决策习惯影响，加之情报工作本身局限性，当时欧洲各国的情报机构地位普遍低下。[①] 日本情报部门地位低下的情况尤其严重，作战参谋作用突出，在决策过程中占有优势地位，其地位比情报参谋高得多，在陆海军核心部门参谋本部和军令部是这样，一线作战部队也如此。[②] 陆军大学毕业的学生，成绩最好的到作战部，二流的才到情报部。"作战第一"思想根深蒂固，情报保障和后方补给的事务容易不受重视，而有关作战指挥的需要则优先考虑。

侵华战争时期，情报部门几乎没有发挥作用的余地。情报部被孤立，其任务只是提供情报资料而非情报成品，即便如此，这些情报资料还会被决策者和作战部门恣意利用。日本情报机构地位低下，导致战略情报与战略决策的完全脱节。太平洋战争时期，由于"作战第一"思想作祟，用于情报侦察的力量被缩减得十分厉害。当时的日本海军奉行攻势战略，对进攻的重视使他们只愿抽出1/10的兵力用于战场情报侦察，而美国海军当时有1/3的兵力用于侦察。[③] 对情报的轻视和战略上的盲目自信直接导致日本在中途岛海战遭遇失败。

日本的战争计划出自陆军参谋本部和海军军令部，这两大军令

[①] 传统情报理念倾向于将决策看成是决策者范围内的事情，情报的作用只是单纯提供决策所需情报以供决策者参考，情报机构不需要也不能提出对策建议。在当时新生的总参谋部体制下，情报参谋大多被明确地排除在决策过程之外。

[②] 事实上，作战参谋与情报参谋不和的现象很普遍，在世界各国的军队里都存在。而且往往越是在战场失利、在战局中处于劣势的军队中，这种倾向越是明显。美军、德军中都曾暴露出类似问题，日本尤其严重。二战期间，日本情报参谋的地位之低简直令人难以置信，这与当时日本军队内部"作战第一"的风气有直接关系。

[③] [日] 渊田美津雄，奥宫正武. 中途岛海战. 许秋明译. 北京：商务印书馆，1979.161

机构中的作战参谋和情报参谋、兵站参谋一起负责起草作战计划，因此，他们的视野和能力直接决定了战略设计的优劣。[①] 作战参谋们都受过正规的军事教育，但受传统军事战略的影响，日本的军校教育偏重于战术训练，一战后才兴起的"大战略"思维在军校教育中基本没有涉及。陆军大学在相应的战争指导教育上跟不上时代需要，无法摆脱以作战指导为中心的固有模式。[②] 无论是参谋本部的作战部还是军令部的作战部，都经常以制定作战计划需保持一贯和机密为由，不与情报部交换意见，情报部提供的情报也只是随便看看，使用与否全凭作战参谋个人的主观意愿。因此，日本在制定作战计划、开战及事后的战争指导等各个时期，对国际形势和战况发展都做过错误判断。[③]

三、日本民族文化与宗教信仰中存在限制情报工作开展的因素

在四面被大海包围的环境中，日本形成了一种强烈的对本国、本民族的认同感和文化归属感，并衍生出一种自命不凡和唯我独尊的心态。这种国家意识和民族文化渗透到情报工作深处，在其情报工作上打上深深的日本民族和文化烙印。

首先，民族文化中的狭隘性限制了日本战略情报工作的开展。日本民族文化有很多方面，每一方面都会影响日本情报工作的效率，影响日本决策者对于情报的使用。如日本民族文化中存在"集团意识"，能够将集团中的所有人团结在一起。源自中国儒家思想但在日本发生嬗变的"忠""孝"道德，誓死效忠天皇，为天皇不惜奉献自己的财物甚至性命。同时，也存在诸如容易出现"集体无意识"

---

① 刘宗和，高金虎主编. 第二次世界大战情报史. 北京：解放军出版社，2009. 133

② ［日］日本读卖新闻战争责任检证委员会撰稿. 检证战争责任：从九·一八事变到太平洋战争. 郑钧等译. 北京：新华出版社，2007. 18~19

③ 小谷賢「日本軍のインテリジェンス なぜ情報が活かされないのか（講談社選書メチエ）」、講談社、2007年、125頁

犯罪、冲动、爱冒险、容易被煽动等狭隘的一面。日本海军军官渊田美津雄大佐在二战结束后表示:"日本战败的根源深深蕴藏在日本的国民性格中。我国国民有一种违背理性的、容易冲动的性格。地域观念使我们心胸狭窄,容易夜郎自大。我们投机取巧,习惯于依赖别人或奉承上司。我们缺乏理性,往往把愿望和现实混为一谈,因而行事缺乏慎重计划。"① 日本民族性格中的狭隘性,对战略决策与战略情报关系的认知产生了潜移默化的影响。社会文化对日本情报工作的影响是日军在战略情报工作上失败的深层原因。甲午战争、日俄战争的胜利使得日本从国家到民众心理都发生了极大变化,对国家战略、情报观都产生了很大的影响。日俄战争后整个国家弥漫着傲慢的氛围,正是这种傲慢,使得一直以来非常健全的情报观走向了偏差。②

其次,"八纮一宇"的皇国史观使日本情报分析丧失客观性。皇国史观是日本文化的基石之一,根植于日本民族的内心。皇国史观源自日本的传统宗教神道教。所谓皇国史观,即大和民族是由神选定的优等民族,日本人都是太阳神的子孙,天皇是现实人间的神,是国家一切权力的中心。"八纮一宇"是日本的最高理想,即天皇统治整个世界,人类走向永久和平。③ 皇国史观要求所有日本国民绝对服从天皇,忠诚于天皇。在皇国史观指导下日本进行的战争,是为完成"八纮一宇"的历史使命而进行的"圣战"。在日本,从事情报活动被认为是一项崇高事业和神圣职责,"一些杰出公民曾经参加过谍报活动"往往得到大肆宣传并使人感觉倍受鼓舞,为国家、为天皇进行的情报活动是"圣战"的一部分,承担谍报任务并不会让日本人感觉羞耻。皇国史观对日本民族的来源、使命等进行了神圣

---

① 肖季文,陈显泗,伊明新.日本:一个不肯服罪的国家.南京:江苏人民出版社,1998.13
② 太田文雄『日本人は戦略、情報に疎いのか』、芙蓉書房、2008年、179頁
③ 王俊彦编著.警惕日本——昨日的侵略与今日的扩张.呼和浩特:内蒙古人民出版社,1996.78

解释，并通过教育灌输给每一个人。它造成了日本民族唯我独尊、外民族都是劣等民族的民族优越感，甚至认为日本统治其他国家、"解放"其他国家是天经地义的事情。皇国史观使日本人有一种夜郎自大、自以为是的心理，不能以客观心态看待自己和别人。这导致日本在进行态势分析和战略情报分析时，看不清敌我双方的力量对比，容易夸大自身实力，轻视对方。既不能知彼，也不能知己，导致日本在侵略扩张的道路上越走越远，积重难返。

最后，精神万能的决策文化容易夸大自身实力，无视情报客观性。精神力量是一种无形的战斗力，指挥官的意志和士兵高昂的斗志，是取得战争和作战胜利的决定性因素。日本军队过于推崇以精神力量为基础的勇猛进攻，以血肉之躯实施白刃战等战法。日本的军人政治家主张"日本勇士能打倒比他强大几倍、数十倍的敌人"，大和民族依靠"逼迫鬼神哭泣的伟大的""世界独一无二的""令敌人闻风丧胆的"精神力量，一定"能够获得最终的胜利"。在过分强调精神力量而轻视物质存在的作战思想指导下，日军在战场上只能依靠侥幸和偶然取胜。可事实上，客观实力悬殊的太平洋战争使日本国家和国民陷入崩溃的边缘。①尽管确实也有成功的例子，取得了一些令人受鼓舞的战果，但这种没有坚实物质基础的精神力量只能奏效一时，无法成为挽救失败命运的永恒法宝。

日本决策者在侵华战争、太平洋战争爆发前进行力量对比时，容易高估自身的实力，低估对手的意志和实力，尤其容易夸大武士道精神在战斗中的威力。日本以甲午战争时期的老眼光看待中国，认定中国是没落的国家，不足为惧。日本承认美国拥有巨大的工业潜力，却认为日本的质量优势可以抵消美国的数量优势。开战之前，日本陆军和海军都认为，日本在空军方面对美国拥有质量优势，只

---

① ［日］小原雅博. 日本走向何方. ［日］加藤嘉一译. 北京：中信出版社，2009. 50

第三章　日本近代对外战争决策中情报保障的主要影响因素

要美日之间的场机数量比不超过 10∶1，日本的空军优势就可以维持。[①] 从这一角度出发，日本决策者忽视了美日之间巨大的经济差距，把希望寄托在日军的质量优势上，认为只要日军能在开战之初取得优势，那么美军的反攻能力就可以忽略不计。[②]

太平洋战争爆发前，山本五十六表示，战胜美国很难，但并非毫无希望，只要官兵上下齐心合力，抱着战死沙场的决心，加上神灵保佑，就一定能成功。仅凭借视死如归的信念和虚无缥缈的"神佑"，而不是国家实力和可靠情报就决定偷袭珍珠港，这无疑是以国家命运做赌注的赌博。即使预见到是九死一生的结局依然决心一战，可见日本决策者敢于军事冒险的赌徒性格。在太平洋战争中后期的作战行动中，日军处于战略被动状态，还极不现实地强调人的精神作用，甚至鼓吹精神万能论，轻视防御，贬低物质战斗力的重要性，忽视基于科学判断的作战计算。在兵力、兵器、补给、人数等物质战斗力明显劣于美军、基本没有取胜希望的情况下，依然狂热地鼓吹为天皇效忠，为国家献身。"宁可玉碎，决不后退"，组织"特攻队"、敢死队，鼓动士兵以血肉之躯迎击敌人的坦克，日本人被武士道精神毒害之深可见一斑。

鼓吹忠勇的武士道精神，相信无形的战斗精神在战斗中能够发挥决定性作用，强调精神万能，这种想法从日本近代建立国家军队时就开始出现。基于对天皇的崇拜，日军作为"神的军队"，幻想自己具有某些特殊的能力，这容易理解。到侵华战争和太平洋战争时期，由于和对手相比日军的绝对实力并不占据优势，在作战中这种迷信思想表现得更明显，也更有市场。有了强大信念支撑和良好的意志品质，确实有可能创造战场上的奇迹。敢于以小博大，本质上是一种坚韧勇武的体现。能够以弱胜强，则依靠在战争的各个局部凭借高明的指挥和准确的情报而形成的兵力优势。

[①] Emest R. May, ed., Knowing One's Enemies, p.454. 转引自刘宗和，高金虎主编. 第二次世界大战情报史. 北京：解放军出版社，2009. 136

[②] 刘宗和，高金虎主编. 第二次世界大战情报史. 北京：解放军出版社，2009. 136

四、决策者轻视情报影响情报效能发挥

（一）决策者轻视情报作用

石原莞尔担任参谋本部第一部的部长时，轻视情报的作用，奉行作战至上主义原则。日本素来有重视情报作用的传统，但他对情报的这种认知，是历史的大倒退，对日本的战争决策产生了很多危害。石原莞尔对日本参谋本部进行了机构改革，对负责情报保障工作的参谋本部第二部的权力和权威都进行了弱化。[①] 但是，即便情报部门在指挥机关的地位如此之低，日本军队中还是有不少非常优秀的情报参谋，比如堀荣三。日本军队中不是没有情报搜集人才，也不缺少情报分析人才。太平洋战争中，日美两国在台湾近海爆发海战。堀荣三看到日军战报后立刻产生怀疑，认为情报有误并向当时的作战参谋濑岛龙三[②]进行了汇报，然而，濑岛龙三非但不听，还销毁了他同时发给参谋本部情报部部长有末精三的关于此事的电报。后来，堀荣三被濑岛龙三故意发配到了前线做炮灰。这一切都缘于堀荣三说了实话，戳穿了大本营臆造出的华丽战果谎言，不符合作战参谋濑岛龙三的心意，违背了日本军队当时的进攻作战原则，即对于作战的结果，只能报喜不能报忧。[③]

整个太平洋战争期间，军部势力强大，决策过程中呈现"参谋决策"的特点，指挥战斗的都是像作战参谋濑岛龙三一样的陆大毕业的高材生。他们考试成绩优异，但从没有上过战场，没有

[①] 高橋久志「日本陸軍と対中情報」、軍事史学会編『第二次世界大戦』、錦正社、1990年、241頁

[②] 濑岛龙三与石原莞尔、辻政信并称日本昭和参谋的三大代表。1936年，濑岛考入陆军大学，是第51期生。1938年，他作为首席生而得到在"御前讲演"的机会。"御前讲演"是当时日本陆军的最高荣誉，意味着毕业后能够进入参谋本部的领导层。果然，毕业后的濑岛实习一年即被调入参谋本部第一部第二课的作战课，任作战参谋。

[③] 1944年10月10日，日本联合舰队攻击了美国太平洋舰队第三舰队。大本营公布的战报显示，击沉美军航母19艘，战列舰4艘，巡洋舰7艘，驱逐舰15艘，日本海军大胜。事实上，日本联合舰队只击毁了美国两艘重型巡洋舰。

第三章 日本近代对外战争决策中情报保障的主要影响因素

任何实战经验，却习惯以自我为中心，经常按照自己的主观意愿行事。濑岛龙三这样的"军刀组"[①]参谋，直接就在地图上指挥着几千上万千米以外的数百万军队。大本营通信课的参谋户村盛雄少佐，私下命令递信省检阅室的电信官延时送交除与日本政府有关的所有外国电报。被延迟送交的电报中，就包括美国总统亲自写给日本天皇的一封电报。一名少佐军衔的参谋敢私自扣留美国总统发给日本天皇的电报，这简直是滑天下之大稽。[②] 这封电报之所以被延迟送交，是因为濑岛龙三对户村说日美开战已经不可避免，美国的电报看不看都已经没有意义。时效性是情报关键属性之一，在情报工作中必须保障情报传递路径的通畅。如果时效性很强的情报尤其是反映动向情况的情报不能及时传递到决策者手中，那情报价值就会大大降低，导致贻误战机甚至严重的战略误判。

（二）既定政策主导情报工作

官方的政策和决定一旦形成，其他的意见和假设便不再重要，这时候情报机构提出的不同意见，即使是最客观最中肯的意见也往往会被决策者忽略。情报分析在一项决定尚处于选择阶段时对决策的制定最为有用，一旦政策已经付诸实施，改变既定政策虽非完全

---

① "军刀组"是日本在二战前对每一届陆军大学毕业生的前六名的一种称谓，因为这六个人能够获得天皇御赐的军刀。陆军大学是日本陆军的最高学府，军刀组是陆军大学的优秀毕业生。其中，每一届学生中的第一名被称作"首席毕业生"，往往能获得觐见天皇的荣誉。军刀组成员毕业后，通常会被委以重任，在陆军机关担任要职，会有较好的发展前景。日军很多高级将领都出身军刀组，包括石原莞尔，甲级战犯武藤章，甲级战犯东条英机的父亲东条英教，南京大屠杀的首犯松井石根，第14任关东军司令、甲级战犯梅津美治郎等。

② 1941年12月6日21点，美国赫尔国务卿向美国驻日使馆发了一封罗斯福总统致日本天皇的亲笔电报，呼吁避免战争，重新开启美日两国谈判。电报送到通信科参谋户村手上的时候，是12月7日的正午。但是，电报被户村扣下，没有第一时间送到美国驻日大使馆，送到时已经是晚上10点了，整整延迟了十个小时。而美国大使在天皇面前读完这封电报已经是12月8日的凌晨3点15分。四分钟后，第一批满载炸弹和燃烧弹的飞机从"赤城号"航空母舰上起飞，目标直指珍珠港基地的美国太平洋舰队。

不可能，恐怕也只有在政策面临重大危机时才有可能。① 决策者通常会强调支撑既定决策的情报，尤其在国际局势日趋紧张时，重要的是不能破坏现状而要保持"政策连贯性"。

政策主导情报的现象突出体现于日本对美国的开战决策中。按照正常逻辑，情报与决策关系的理想状态是情报支援决策，决策给情报以指导，二者形成良性互动。然而，在发动太平洋战争这一战略决策过程中，日本的实际情况是情报与决策互相分离。情报没有发挥应有的作用，所有认为日本不应该或者不能对美开战的情报都被决策者无视了。情报没有为战略决策提供有力保障，决策者也没有对情报活动进行积极指导和有效反馈。战前日本对美日两国实力进行评估的多份情报显示，两国国力过于悬殊，日本与美国开战无异于以卵击石。包括珍珠港事件的策划和实施者山本五十六在内的日本领导层，多数都认识到不能盲目开战。但是，由于日本的国策是侵略扩张，无论什么都不能违背扩张主义政策。再伟大的情报分析专家，也只能在执行扩张政策的前提下做好情报分析工作，为既定的战争政策服务。白俄罗斯情报专家伊戈尔·尼古拉耶维奇·库兹涅佐夫认为，从情报机构内部工作机制来看，情报机构的领导者应该给予在当地搜集情报的情报人员有益的方向性指导，这些指导体现为对所需情报的明确指示。如果情报机构的领导下达的情报任务带有主观色彩和倾向性，那么毋庸置疑，基层情报人员自然也会带有主观色彩和倾向性。

历史中的大量事例说明，情报政治化的危险难以避免，其弊端也难以克服。决策者通常会向其制定的政策投入大量精力，对质疑他们看法的可靠情报不屑一顾。满铁调查部是世界上最早的民间情报机构之一，在当时，它的情报搜集和分析能力，比其他任何国家的情报机构都不逊色。众多社会精英参与到满铁的情报调查工作中，其调查成果大多具有较高价值。日本国策是对外侵略扩张，满铁调

---

① Richard K. Betts, *Paradoxes of Strategic Intelligence*, Frank Cass, 2003, p. 64. 转引自张长军著. 美国情报失误研究. 北京：军事科学出版社，2006. 173

查部的情报工作再高效也无法改变国策,只能服务于国策。因此,调查部必须严格按照军部的指示进行调查,其调查方向完全转向为侵略战争服务,而且其调查成果要具体和富有实践性。调查机构的情报工作只能为侵略行为的顺利进行出谋划策,不能提出任何反对侵略扩张的观点。

情报的职能是优化决策,这是决策对情报的最基本要求。先尽可能搜集情报,在此基础上进行分析和预测,最后才是做出决策。可是在日本,情报往往不是为决策服务,而是成了决策的附属品。日本军队强调"作战第一",情报难以参与决策全程。从20世纪30年代起,军令部和参谋本部每年都要一起制定作为军事机密的"年度作战计划",天皇批准后,陆海军在此后一年的作战中就必须遵循该作战计划。1940年,海军提出了对美作战"正统的战略思想"[①]。但制定该作战计划前日本并没有认真地搜集关于美国政策目标、军事实力、国民经济、战争潜力的情报并进行分析,反而是将决策置于情报之前,单纯凭主观臆断。虽然日军在太平洋战争初期凭借偷袭赢得了一定的主动权,但是最终太平洋战争的失败是无可避免的。

(三)决策者的主观想象支配客观情报

甲午战争胜利后,日本通过签署不平等条约收获极大政治和经济利益的同时,民族情绪高涨,对外侵略欲望大增。20世纪初,它挑起日俄战争并再次感受到发动战争的益处。日本在日俄战争中取得胜利,整个国家自信心剧烈膨胀,国民整体陷入集体狂欢。然而,进入大正时代以后,其国家战略开始产生失误。[②] 日俄战争的胜利,

---

[①] 正统的战略思想是:首先用海军的全部力量集中攻击菲律宾,美国海军必然离开本土,长途跋涉前来救援并发动反击;其次,以日本南洋的属地——马绍尔群岛、马里亚纳群岛、卡罗林群岛和帕劳群岛等重要岛屿为基地,用潜艇和飞机逐渐削弱美国前来救援舰队的力量;待美军实力削弱到大体和日本舰队的实力相匹敌或弱于日本舰队时,则寻机在日本近海与之决战,力求一举全歼美国太平洋舰队。

[②] 太田文雄『日本人は戦略、情報に疎いのか』、芙蓉書房出版、2008年、139頁

很大程度上要归功于日本与当时世界上最强大的海军国家英国的结盟。然而1921年，日本与英国断绝了同盟关系。日本野心越来越大，军人话语权越来越高，国家对外扩张的步子也迈得越来越大，"日本不可战胜"的神话由此产生。日本的军事战略一味强调进攻作战，情报保障必须服从和服务于这一理念，情报机构的地位开始下降。

情报是国家政策制定的依据，科学决策应该建立在严谨的情报搜集和分析基础上。日本侵华战争的决策程序与之恰好相反。日军首先确立了侵占中国的战略目标并相应制定了作战计划，之后才去大规模搜集情报。日本做出战争决策时并未认真思考应该如何结束战争。"九一八"事变发生后，石原莞尔认为应避免与中国全面开战，开发满洲并防备苏联。石原莞尔等人代表的日本陆军一直是将苏联作为日本最大的敌人。石原莞尔担心，对中国国民政府穷追猛打会使其陷入绝境并全力反抗，一旦它与共产党握手言和，形成中国全民抗战的局势，对日本将极为不利。日本还没有进行持久战的国力，应稳扎稳打，不宜立即扩大战争规模。站在当时日本的立场，石原莞尔的观点无疑是正确的，但当时决策层中支持他的人很少。日本统治阶层，尤其是军部低估了中国的综合国力和民众坚定的抗战意志。日本原以为只要略微施加军事压力，处于内忧外患的中国国民政府就会屈服，清朝政府在甲午战争失败后割地赔款那一幕便会再次上演。日本宣称三个月灭亡中国，但战争走向完全不是日本最初设想的那样。后来军部强调只要占领汉口、广州等主要城市就能占领整个中国，但是日军占领了北京、上海、南京、徐州等主要城市后战争依然没有结束。①

东条英机担任陆军大臣时，身边聚集了一批喜欢阿谀奉承没有主见的无能之辈。② 他虽然勤奋博学，但缺乏战略眼光，不擅长进行

---

① 刘宗和，高金虎主编．第二次世界大战情报史．北京：解放军出版社，2009．133
② 谷光太郎「情報敗戦——太平洋戦史に見る組織と情報戦略」、株式会社ピアソン・エデュケーション、1990年、219頁

第三章　日本近代对外战争决策中情报保障的主要影响因素

长远的顶层设计，而且缺少采纳不同意见的气度，听不进情报参谋对美国实力的战略情报分析，甚至在自己也认为对美开战全无胜算的情况下依然做出偷袭珍珠港的决定。他做出这样决策的根据是，"如果我们稳坐钓鱼船，那么用不了两三年，我国就会变成一个三等国。"①

第一次世界大战后，日本国力发展迅速，但还无法和欧美强国相提并论。日美之间的国力差距十分明显，战或不战，做出一个理智选择并不困难，然而出人意料的是日本决策者选择了前者。②苏德战争爆发时，日本军部在未科学对比苏德双方战争潜力和综合国力的情况下，过高估计了德国实力，相信德国很快能战胜苏联，主观意愿上认为"德国必胜"。日本决策者被驻德武官大岛浩的乐观判断误导，忽视驻苏武官和参谋本部苏联课关于苏德两国国力的客观情报分析，做出了"南进"决策。在策划太平洋战争时，山本五十六心中清楚战胜美国可能性不大，但希望通过突然袭击一举消灭美国太平洋舰队而占据军事优势，进而控制并夺取东南亚战争资源，在此基础上与美谈判从而结束战争。这种一厢情愿的想法，使日本一步一步走上了战败之路。1941年11月15日，大本营通过最高战争指导计划，把结束战争的希望寄托在"美国丧失继续作战的意志"上。③ 在对美开战决策制定的整个过程中，日本决策层对形势的战略判断都充满了主观色彩，完全是理想化判断。日本用想当然代替现实，把敌人的行动限定在自己想象之中，是脱离实际的主观臆断。④

---

① [美] 约翰·托兰. 日本帝国的衰亡：上册. 郭伟强译. 北京：新华出版社，1982.166
② 按照美国人对战争的认识和逻辑，日本明知不敌，一定会选择退让并接受美国的不开战建议。但是，美国没有料到日本有其自身的一套思维逻辑。在太平洋战争爆发的问题上，美国也存在自大和轻视心理，对日情报工作发生了失误。
③ [日] 服部卓四郎. 大东亚战争全史（全四册）. 张玉祥等译. 北京：商务印书馆，1984.299
④ [日] 阿川弘之. 山本五十六. 朱金等译. 北京：解放军出版社，1987.325

五、僵化低效的决策机制不能有效利用情报

决策机制是决策的组织和制度保障，科学合理的决策机制是形成准确战略决策的基础。如果决策机制本身存在缺陷，也极易导致决策失误的发生。① 要使情报真正在决策中发挥作用，必须剔除无关因素的影响，同时简化政策制定程序，压缩决策层内部的辩论周期。

受日本民族文化传统中"集团意识"的影响，正常情况下日本的战争决策要经过逐级上报、审批、讨论等环节，过程复杂，形式僵化，影响最终决策结果的因素较多。在形成决策的过程中，最重要的是如何使陆海军、政府各个部门实现"合意"，即达成一致意见，而不是情报。② 以侵华战争时期的日本陆军为例，从程序上讲，一项作战计划的制定通常是由一名作战课的课长首先做出草案，然后依次提交给参谋本部作战部长、参谋本部次长、参谋总长、陆军省军务局、陆军省次官、陆军大臣审议，最后，陆军将确定后的方案提交海军和外务省。即使在陆军内部，草案都有可能被改得面目全非，更何况层层审批之后，还要同来自其他部门的方案进行比较和竞争，各部门又都是小集团，代表自己一方的利益，各不相让。如果作战方案一直确定不下来，就需要由天皇召开御前会议，由天皇裁定。但天皇立场非常特殊，他更多时候需要同政治保持距离，保持高高在上的形象。所以，对于有争议的方案，决策层需要召开会议反复讨论反复修改，直到各方达成妥协形成一个大家都同意的最终方案。因此，即使最初制定草案时依据的都是非常及时、准确、

---

① 刘强. 战略预警视野下的战略情报工作——边缘理论与历史实践的解析. 北京：时事出版社，2014. 265

② 堀悌吉在《五峰书》中写道：主观主义侵蚀了全军的思想，竟成了指导我军未来作战的正统思想，并主张把所有军人的思想都统一到这一思想上来。倘若有人偏离了这一思想或提出不同的意见或看法，则被视为异端。结果，使整个海军变成了一个独裁专制的社会集体……它使人逐渐养成一种人云亦云、动辄在别人面前不负责任地说大话的习惯，而对问题缺乏科学冷静的分析。

第三章　日本近代对外战争决策中情报保障的主要影响因素

客观的情报，草案本身也是非常科学合理的，但经过这种长时间、复杂的决策程序之后得出的最终方案也是充满了决策参与者个人想法的模糊决策，情报价值能否依然体现在方案之中成为未知数。此外，为了能够在政策制定中取得优势，决策参与者往往更关注竞争对手而不是外部敌人。决策程序的复杂性也决定了决策一旦做出便很难轻易改变，尤其是涉及国家安全与发展的战争决策，这也是决策者经常会以"与国策不符"为由对情报充耳不闻、明知不可为却要迎难而上的原因之一。

小结

对日本近代对外战争决策中情报保障产生影响的因素很多。有些因素能够提高战争决策中情报保障的效率，属于积极因素，有些因素会影响战争决策中情报保障的效果，属于消极因素。从积极因素角度看，军事斗争催生了情报，军事斗争烈度的升级客观需要更多情报，这是情报存在的根本。经济发展和科技水平的进步为情报能力的跃升提供了物质基础。日本在不同时期发动的战争，由于受到当时社会发展水平的限制，情报工作也呈现出不同的特点，这突出体现在情报搜集手段的变化上。决策者对情报有需求并重视情报工作发展，是情报工作发展的直接动力。情报是为决策者制定决策服务的，如果没有决策者对情报工作进行指导，情报就成为无源之水，如果决策者不重视情报，情报机构几乎就失去了存在的意义。情报与决策之间保持良好关系能够提升情报对战争决策的保障质量。

从消极因素角度看，情报机构设置不合理，陆军、海军、政府都有自己的情报系统而且各自为政，缺少统合。决策者对情报认识不深和使用不当，情报游离于决策过程之外。这一点主要体现在侵华战争和太平洋战争时期，具体表现为："作战第一"，情报机构在决策机制中地位较低；先有政策后有情报，情报保障的是决策实施；

主观意识支配物质基础，相信"精神万能"，夸大自身实力，情报失去客观性；决策机制僵化，导致情报在决策过程中逐渐失去价值。日本民族文化中的狭隘性和神道教中的封建思想也影响了日本对外战争决策中情报保障的效果。

第四章　日本近代对外战争决策中情报保障的成败评析

价值是情报能够存在的前提，价值通过情报用户对情报的使用并产生效能体现出来。任何国家的情报保障都是为科学决策、为打赢战争服务的。战略决策与情报保障之间存在一种互动关系：情报工作的成败直接决定了决策的优劣，战略的前提是情报，情报工作又受制于决策者对战略的认识水平。[①] 在取得情报优势的基础上，日本发动了甲午战争、日俄战争并取得了胜利。从日本角度看，战争的胜利和通过战争获得的大量物质财富、国际地位的提升、内部政治的稳定等验证了发动战争决策的成功。单凭战争胜利与否评价战争决策是否正确虽然存在不够严谨之处，但给我们提供了一个研究情报与决策关系的视角。在侵华战争和太平洋战争中，骄傲自大并且战略上日趋疯狂的日本军国主义者抛弃了重视情报和善于使用情报的优良传统。情报受制于种种因素，尤其是受到决策者、决策机制、决策文化等决策层面影响，并没有能够发挥其应有的作用并导致一系列情报失误的出现。决策者对于战略情报的轻视是导致情报失误的一个重要方面，毕竟失去情报保障的战争决策很难带来战争的最终胜利。

第一节　高效情报为战争决策提供有力支撑

做出战争决策需要极为慎重，"兵者，国之大事，死生之地，存

[①] 北冈俊明・戦史研究会『日本人の戦略的失敗』、PHP研究所、2008年、24頁

亡之道，不可不察也"。① 任何国家的决策者在进行战争决策时，都是以情报为依据的。孙子将不重视情报的人视为"不仁之至"，不是好将领、好君主，不能战胜敌人，不能治理好国家。② 战争决策的制定过程，通常包括以下几个环节：判断国际战略形势、对比敌我力量大小、设定战略目标、确立战略方针、选定战略时机。情报为战争决策提供支持也就是分别对上述各关键环节提供支撑，这样才能真正发挥情报保障决策的功能。

一、以情报为基础能够客观判断国际战略形势

客观判断国内外战略形势是进行战略决策、定下战略决心的前提和根据。③ 只有全面掌握与战争有关的各种情况，客观分析国际战略环境，正确评估敌我力量对比，把握战争特点及趋势，才能对战争的发生、发展和结局做出准确预测，做出正确决策。④

国际战略形势，主要包括时代特征和世界政治、经济、社会发展的总趋势等。热点地区的形势需要尤其关注，它很可能成为诱发战争的导火索。战略形势判断十分复杂并处于不断变化发展之中，决策者很难做到随时对战略形势了然于胸，必须依靠情报把握战略形势发展的趋势，及时应对形势发展的变化。⑤ 在《战争艺术概论》中，若米尼表达了其对于情报的重视，"绝不可忽视搜集有关邻国军事地理和军事统计的情况，以了解敌人在进攻和防御方面的物质能力和精神能力，并判明敌我双方在战略形势上的优劣"。⑥ 1892 年，日本驻德国公使馆武官福岛安正少佐独自从柏林出发，先翻越乌拉

---

① 语出《孙子兵法·计篇》。
② 张晓军主编. 军事情报学. 北京：军事科学出版社，2001.14
③ 军事科学院战略研究部. 战略学. 北京：军事科学出版社，2001.179
④ 罗卫萍. 从珍珠港到中途岛——太平洋战争前期日本情报失误研究. 军事历史研究，2008(2)
⑤ 唐凌. 现代军事战略决策研究. 北京：军事科学出版社，2014.111
⑥ [瑞士] A. H. 若米尼. 战争艺术概论. 刘聪，袁里译. 北京：军事科学出版社，1998.305

尔山脉、又横穿西伯利亚、再经过中国齐齐哈尔，终于抵达海参崴乘船返回日本。他详细勘查了这一地带的兵要地志，使日本更加清楚自己所处地理位置和地缘环境，为日本国防政策的制定提供了宝贵依据。

二、以情报为根本能够准确进行敌我力量对比

在战争决策过程中，明确谁是对己方国家安全带来威胁、对己方生存发展带来影响的对手或潜在敌人，对敌我双方实力进行对比分析必不可少。国际战略格局不断演变，潜在敌人也会发生改变，必须根据国家利益随时进行调整。此外，决策者必须对国内形势有清楚了解和深刻认识，包括国家内部的政治、经济、资源、舆论以及国家发展所处历史阶段等，尤其需要重点关注国家发展面临的难点。[①]

情报工作对战争胜负有直接的影响，实力对比必须建立在情报获取和情报分析的基础上。敌人的虚实、敌我力量对比的优劣等都是情报工作的重要内容。战争是多种因素综合作用的产物，战争决策前必须认真计算各主要因素的利弊，然后依此做出正确的判断和决策。孙子因此提出"庙算"的概念，在筹划战争时要先进行"庙算"，就敌我双方的"五事""七计"[②]等基本条件进行对比分析。庙算的过程是先要"经之以五事，校之以计"[③]，再"因利而制权"。[④]对敌我双方的"五事""七计"进行对比分析的前提条件是掌握对方情报，加上己方的情报，两相比较，敌我双方实力的优劣、形势的利弊就能一清二楚。

在甲午战争和日俄战争中，日本基本做到了《孙子兵法》中的

[①] 唐凌．现代军事战略决策研究．北京：军事科学出版社，2014.111

[②] 五事，指道、天、地、将、法。七计，指主孰有道、将孰有能、天地孰得、法令孰行、民众孰强、士卒孰练、赏罚孰明。

[③] 语出《孙子兵法·计篇》。

[④] 薛国安．孙子兵法与战争论比较研究．北京：军事科学出版社，2003.8

"胜兵先胜而后求战，败兵先战而后求胜"①。在发起战争前，日本做足了包括情报在内的各种准备工作，在确立优势的基础上展开军事活动。甲午战争中，日本四处刺探中国军政情况和地形情况，占据有利地形并等待时机出现，时机一旦出现，就以绝对优势兵力发动进攻。甲午战争爆发前，日军估计清军向朝鲜派兵人数可能达到5000人，为了做到必胜，日本派遣了更多兵力，达到7000人之多。战争爆发时，清军在朝鲜的实际兵力只有3600人，日本的优势兵力使得战斗胜负毫无悬念。在整个战略决策过程中，日本始终是尽可能搜集情报，做最充分的准备和最坏的打算，争取实现既定战略目标。在日本强大的情报工作面前，清朝政府只能发出这样的感叹，"凡我之动静彼皆洞悉无遗，甚或暗中为之接应，为之向导，故彼攻击调度每合机宜，我反多受其制"②。

日俄战争中，对于日俄双方的实力大小，日本做了大量有关国际舆论、敌我力量研判的情报分析工作并得出结论：在整体实力上俄军远超日军，但在远东这一局部地区日军占据地利、人和等多种明显优势。尽管俄军整体军力是日军的数倍，但俄国在中国东北的驻军仅有11万人，少于日军，开战必须调遣驻扎欧洲的俄军。俄军远离其力量重心作战，兵员调动和物资供应非常不便，把兵力从欧洲调至中国东北的奉天，至少需要60-70天。日军则靠近力量中心作战，朝鲜与日本只隔一个海峡，不仅调遣便利，还可以逸待劳。俄军只有海参崴和旅顺两个重要海军基地，而且相隔较远，不能相互呼应，而日本却拥有横须贺、佐世保、舞鹤和吴港等四个海军基地，而且连接黄海与日本海的海峡已被日本舰队占领。③

侵华战争和太平洋战争期间，日军作战部门集中了几乎所有陆

---

① 语出《孙子兵法·形篇》。意为打仗应该先充分准备了胜利的条件然后求战，而不能冒险同敌方交战寻求侥幸获胜。
② 中国史学会编.中日战争：第六册.北京：中华书局，1993.114~115
③ 过毅，高鹏主编.20世纪重大战略决策选评.北京：军事科学出版社，2004.15

第四章　日本近代对外战争决策中情报保障的成败评析

大毕业的精英,情报部门尽管面临人员不足、经费紧张的问题,但依然具备一定的情报搜集和分析水平,如果决策和情报关系能够协调得更好,如果情报没有被"政治化",日本情报机构能发挥更大作用,决策也会更加科学。太平洋战争爆发前,日本情报部门对远东太平洋地区美日两国的军事实力做了对比分析,并得出"日本占据明显军事优势"的结论。日本的评估结果显示,在陆海空各个方面,日本都对西方国家形成了局部优势。如美英荷在这一地区的陆军有20余万人,被海洋分隔在各个地区,而日本却有51个师团,可抽调11个师团至东南亚作战。在海军方面,日美总体军力对比为7.5:10,但在太平洋地区日本占有绝对优势。在空军方面,日本共有战机4600余架,美国共有5500架,美国占有优势,但是,美国可用于对日作战的只有2600架,与日本的2400余架大致相当。[①] 这份日本在局部地区对美国形成了实力优势的情报评估,成为日本发动太平洋战争的根据之一。英国著名的军事理论家李德·哈特[②]指出:"日本人在发动战争时是享有无比的全面优势,尤其素质方面。"[③] 然而,战争是敌对双方现实及潜在军事实力的对抗,而不仅仅是局部战场的现实军事实力。如果战争存在长期化的可能,决策者必须考虑国家的综合实力,尤其构成战争潜力的各种因素,包括国家的经济与科技实力、民族凝聚力、制度效率以及联盟友好国家可能给予的援助等。[④]

---

① 吕万和. 简明日本近代史. 天津:天津人民出版社,1984.337
② 李德·哈特(Basil H. Liddell Hart,1895－1970),生于法国巴黎,第一次世界大战期间曾服役并在战斗中负伤,后加入英国皇家军事教育协会。李德·哈特既是一名出色的军事记者,也是著名的军事战略家和军事理论家,与克劳塞维茨被誉为西方战略思想史上的两位现代战略大师。他提出了军事上的"间接路线"概念和涵盖军事以外领域的"大战略"概念,大力提倡现代战争中"装甲兵"的作战方式。主要著作有:《大战略——间接路线》《第一次世界大战战史》《第二次世界大战战史》《沙漠之狐隆美尔》。
③ [英]李德·哈特. 第二次世界大战战史. 钮先钟译. 上海:上海人民出版社,2002.287
④ 曹延中. 战争的决策. 北京:军事科学出版社,2011.47

三、以情报为依托能够合理设定战略目标

战略目标是战争或者其他军事行动应达到的最终目的，是整个战略的指向。战略目标由国家的最高政治、军事领导设定。① 科学设定战略目标是战争决策的核心任务，是决策者"最主要的追求之物"②。战略目标的设定需要根据自身的实力，加上对于国际形势和对手的了解。战略形势是动态的，国家的战略目标设定也必须以此为基础进行相应调整。判明战略形势，孙子要求"策之而知得失之计，作之而知动静之理，形之而知死生之地，角之而知有余不足之处"③。侵华战争时期，日本陆军就是否发动武汉战役在内部产生分歧。慎重派反对扩大战争，担心兵力分散后遭到苏联进攻。事实上，当时的日苏两国都想通过小规模战斗来试探对方的实力与意图。于是，日军首先挑起了攻击张鼓峰行动，以试探苏联反应。这场战斗双方投入都很大，是个双输的结果。苏军比日军损失大得多但没有取得应有战果，日本孤立无援、后继乏力，僵持不下的两国只好签署停战协定。日本并未吸取教训，认为这次战斗没有取胜是经验不足导致，后来在诺门坎事件中日本再次遭遇失败，才最终确认苏联实力强大并暂时没有对日作战的意图，这成为日军将"南北并重"战略调整为"南进"战略的原因之一。

日俄战争后，日本的战略目标与自身战略资源之间出现巨大矛盾，随着时间推移和国际局势的改变，这一矛盾越来越突出。日本希望征服中国来获取资源，实现大陆政策，但力不从心，后又选择扩大战争，妄图征服欧美，但在总体实力方面差得更远。1917年，参谋本部第一课已经认识到未来的战争很可能是长期战争，战争将是国家间综合实力的较量，制定出《关于全国动员计划必要性的建

---

① 唐凌. 现代军事战略决策研究. 北京：军事科学出版社，2014. 113
② 邢广成. 苏联高层决策研究. 北京：中华书局，2009. 76
③ 语出《孙子兵法·虚实篇》。

第四章　日本近代对外战争决策中情报保障的成败评析

议》，提出了"胜负之别取决于平时积蓄的国力总量之多寡及其组织是否适应战时运用"的观点。① 任何一个国家，如果没有丰富资源和充足的物资储备，没有国民对战争的支持，没有周密的情报保障，都根本不敢轻言战争。日本是一个岛国，其国家经济的最大弱点是资源贫乏，军需物资大部分依赖海外。无论政府怎样进行战争动员，怎样号召国民捐款捐物或者省吃俭用，能聚集的资源始终是有限的。日本无法进行持久作战，持久战一定会以日本的失败告终。因此，山本五十六曾坚决反对发动太平洋战争，但主宰日本政坛的军部最终还是发动了太平洋战争。②

不依靠战略情报分析，仅凭决策者的主观意愿和想定，日本制定了一个远远超出自身能力的战略目标，发动了太平洋战争。这个缺乏情报支持的错误决策，使日本"在西南太平洋、中太平洋、中国大陆、中国东北、中印缅等五个战略方向和20多个国家直接或间接作战"③。日本决策者对扩张战略的可行性深信不疑，未考虑日本国力与对外扩张目标之间存在的巨大矛盾。以当时日本的国力，实现"大东亚共荣圈"这样的战略目标是极不现实的。日本情报机构被侵略扩张的既定"国策"主导，完全"政治化"的情报工作只能选择支持战争决策。决策者不需要客观的情报分析来制定一个合理的政策，他相信既定政策就是最合理的，他希望看到的是情报支持既定政策，保障战争胜利，实现"大东亚共荣圈"的既定目标。既定政策主导下的情报工作毫无客观性可言，提出的对策建议也会带有强烈的倾向性。

四、以情报为支撑能够有针对性地确立战略方针

情报保障是战略方针确立的基础。根据对手的实力与所处国际

---

① 潘俊峰主编. 日本军事思想研究. 北京：军事科学出版社，1992. 214
② 刘宗和, 高金虎主编. 外国情报体制研究. 北京：军事科学出版社，2003. 412
③ 军事科学院军事历史研究部. 第二次世界大战重大学术观点摘编. 北京：军事科学出版社，1990. 68

环境、战场环境来确立战略方针,既是战争决策的重要一环,也是事关战争胜负的重大问题。有针对性地确立战略方针,必须以国家战略目标为依据,以国家综合实力为基础,同时结合战场环境,最大程度发挥己方优势克敌制胜。无论是知己知彼还是掌握战场环境,情报保障都必不可少。

  对于甲午战争,日本认为只有迅速夺取战争胜利,才能最大限度减少国力消耗。一旦战争陷入僵持状态,就会导致国力空虚,战争难以为继,甚至给其他国家带来可乘之机。因此,首相伊藤博文做出决定,力求速战速决。著名间谍宗方小太郎也向日本政府提出建议:"今日之事,唯有突击一法。"① 甲午战争的导火索高升号事件发生后,日本不宣而战却免于受到国际社会的谴责和中立国英国的惩罚,令日本看到了偷袭的好处与微小代价。高升号事件成为日本此后军事冒险、偷袭作战的起点,日俄战争、侵华战争和太平洋战争,日本无一不是不宣而战。日本的这一战略方针是从中国《孙子兵法》中学到的。《孙子兵法》强调主动进攻和速胜,主张"兵贵胜,不贵久"②。对于进攻行动,孙子尤其强调一定要有突然性,要"攻其无备,出其不意"③,"进而不可御者,冲其虚也"④。突然袭击、避实击虚、速战速决的作战思想在日本发动的历次对外战争中都有完美体现。敌人的虚与实、有备与无备都是敌情的重要内容,要获知这些内容只有依靠有效的情报活动才能实现,情报是达成日本速战速决战略方针的基础。

  甲午战争决策期间,日本对于如何发起战争、如何引导战争发展、如何在决战中战胜清军、如何结束战争进行了长期的研究和设计,制定了合理的战略方针。不仅如此,日本还规定了陆军与海军

---

① 中国史学会编. 中日战争:第六册. 北京:中华书局,1993. 156
② 语出《孙子兵法·作战篇》。意为用兵要求速胜而不要求持久。
③ 语出《孙子兵法·计篇》。
④ 语出《孙子兵法·虚实篇》。意为我方进攻时敌人防御不住,因为我方攻击的是它的薄弱之处。

如何协同、如何设立兵站、何时派出侦察兵等。在旅顺会战中，日本联合舰队积极协助陆军第二师团登陆的同时密切监视海上情况，寻找机会歼灭清军舰队。日军大本营根据情报，由川上操六起草了"大本营作战大方针"：日军在渤海湾的直隶平原与清军主力进行决战，打败清军，迫使清政府屈服。第一阶段的作战方针为：陆军进军朝鲜，占领平壤后直逼中国东北；海军采取攻势战略，寻找中国海军主力决战，取得黄海、渤海制海权。第二阶段的作战方针制定了三种方案，以应对各种情况。如果海战大胜，取得了黄海、渤海制海权后，陆军则直入北京进行决战；如海战胜负未决、中国海军也无力进军日本海时，陆军则固守平壤，扶植朝鲜"独立"；如果海战大败，陆军则击退清军军队，固守朝鲜，海军守卫沿海，同时加强本土守备。日军大本营甚至做好了防备北洋海军攻击日本本土的计划。①

对俄作战方面也同样如此，持久战、消耗战对日本而言是极为不利的。迅速歼灭远东俄国陆海军，结束战争，才能取得最后的胜利。日本十分清楚，任何意义上的持久战，都对日本不利。因此，日本有针对性地制定了战略方针：先敌展开部署，依托情报发动突然袭击；找准时机进行大决战，速战速决，歼灭俄国舰队，夺取制海权；取得战场优势后迅速停战媾和。日俄战争前，当日本得知俄国尚未做好充分准备在远东打一场战争时，立马加速了发动战争的步伐。只有这样，才能保证战胜对手，实现战略目标。日俄战争中，日本每次重大军事行动基本都是按照这个方针展开。全面侵华决策确立之后，1936年6月3日，日本规定了实施侵华战争的战略方针，即陆海军协同作战，采取先发制人的攻势，增强初战威力，速战速决，进行总体战。②日军战略方针制定之详尽、考虑之周密由此可见一斑。

---

① 张淑香. 甲午战争时期日本军制改革与战时大本营. 辽宁大学学报（哲学社会科学版），2004（4）

② 吕川. 冷战后日本军事战略思维的基本规律探析. 日本学刊，2006（3）

五、以情报为保证能够为发动战争选定合适战略时机

战略时机的选择对于战争决策而言非常重要。在占据有利国际形势，和对手相比实力占据上风，确立了清晰战略目标和合理作战方针的基础上，选择一个有利的战略时机来发动战争无异于画龙点睛。与古代战争相比，随着情报地位和作用的不断上升，情报发挥的作用也有所改变。战争开始的时间、方式往往由情报决定。以情报为牵引，在充分准备的基础上，灵活选择开战时机，可以实现战争收益的最大化。

1887年，日本参谋本部第二局局长小川又次在《征讨清国策案》中就对华开战的时机提出建议；日本应在中国进行军队改革以及欧美各国拥有远征东亚实力之前侵略中国。于是，日本根据间谍搜集的准确对华情报，相应进行了充分准备，前后实施了八次《扩充军备案》。在做好充分准备的基础上，日本急切地寻找战机，以求一战。朝鲜发生东学党起义后，日本驻朝鲜公使杉村濬立刻提出，"东学党之乱，虽为近年来朝鲜罕见之事，但不必认为这些乱民具有足以推翻现政权之势力"。根据他的第一手情报，日本政府开始谋划向朝鲜派兵。[①] 此外，为了达到速战速决的目标，日本间谍就发动甲午战争的具体时机、"合理借口"等方面给出建议。1894年7月2日，日本驻天津领事荒川向国内报告了清朝政府官兵已经整装待发前往朝鲜的情报并提供了登陆地点。同年，在上海搜集情报的宗方小太郎接到日本海军命令，侦察威海卫中国北洋舰队动向。威海卫是北洋舰队的基地，禁止与外界通信并被严密封锁。宗方小太郎乔装成中国人，数次成功深入威海卫舰队基地，探明镇远号等14艘军舰开赴朝鲜的具体日期并报送大本营。有了如此准确的对朝鲜局势的判断和对清军军队动向、实力的掌握，日本果断发动了甲午战争。

---

① 赵恺. 日本战史：从远古到甲午战争. 北京：团结出版社，2014. 264

日本海军集中联合舰队在黄海拦截并击溃北洋舰队，成功夺得制海权，为最终赢得这次战争打下坚实基础。① 宗方小太郎不是军人，只是平民，因为刺探中国情报成绩卓越，还在广岛日本大本营受到天皇"破格召见"。②

在太平洋战争爆发前，日本决定对美开战后，如何一击必胜，在战争初期取得主动权成为战争成败的关键。日本选择了美国太平洋舰队的基地珍珠港为偷袭对象，偷袭行动的时机选择关乎偷袭行动能否成功。日本情报人员经过近一年的情报搜集活动，摸清楚了美军太平洋舰队的作息规律，选定要在某个星期日发动攻击。为什么必须选择星期日发动攻击，因为在每周的星期日这天港内停泊的军舰最多，并且是周末放假时间，基地的警戒最为松懈。综合考虑各项因素后，将偷袭时间具体确定为12月8日凌晨。③

侵华战争与甲午战争、日俄战争和太平洋战争略有不同，其战略时机的选定不是由决策最高层做出，而是下层少壮军官。由于统帅权独立④，军部可以独立制定战略计划，而不用受政治因素的影响。下级参谋或现地参谋制定作战计划并擅自行动，造成既成事实，迫使军政统帅追认，这种幕僚决策成为20世纪30年代以后日本决策的一大特点。"九一八"事变和"七七"事变就是这种决策过程的典型。⑤ 因此，分析日本对外战争决策中战略时机的塑造和把握，

---

① 孟悦. 日本侵华时的间谍活动. 炎黄春秋. 2011（3）
② 大本营本来设置在陆军参谋本部，后迁入皇宫之中。后来，为方便及时掌握战争进程，灵活指挥军队和应对战场形势的变化，1894年9月8日，大本营迁移到距离前线更近的广岛。
③ 刘宗和，高金虎主编. 第二次世界大战情报史. 北京：解放军出版社，2009. 138~139
④ 《大日本帝国宪法》规定：日本军队只受天皇指挥，不受政府统帅，这就是"统帅权独立"。
⑤ 1931年9月18日，日本关东军在沈阳附近的柳条湖破坏了一段南满铁路并诬蔑中国国民革命军，以此为借口向革命军发动进攻，"九一八"事变爆发，日本以武力侵占东北，侵华战争从此开始。1937年7月7日，日军在卢沟桥附近以军事演习士兵失踪名义突然向当地中国驻军第29军发动进攻，"七七"事变爆发，日本全面侵华战争从此开始。

侵华战争具有区别于其他战争的特点。但是，我们要清醒地认识到，对于日本的国家和军队高级领导人而言，他们貌似是被迫发动侵略中国东北和全面侵略中国的战争，实际上侵略中国是日本必然走上的道路，所谓"被迫发动"只是战争爆发时间的不同而已。从1931年6月19日日本参谋本部制定的《解决满洲问题方案大纲》中我们可以发现，日本陆军参谋本部已经有对华动武的初步打算，但是他们计划动武的时间是一年以后，即使日本关东军不发动"九一八"事变，日本陆军也会在次年即1932年发起事端。① 无论是"九一八"事变还是"七七"事变，都是日本帝国主义大陆政策的产物，是日本长期侵华政策的必然结果。即使事变本身并未得到从上至下的命令，但是从事变发生后日本决策层很快就决定派兵增援、加紧部署甚至扩大侵略范围来看，日本政府是早就有预谋、有准备的。因此，当"九一八"事变和"七七"事变发生时，决策者被穷兵黩武的少壮派军人推着前进，陆海军校级参谋在计划、扩大战争时发挥的作用甚至要超过首相、内阁大臣和天皇。② 但同时也不能不说，这些少壮派军人"下克上"的做法，客观上统一了决策层中的不同意见，使得发动对外战争成为举国一致的行为。石原莞尔、花谷正等少壮军官策划、实施"九一八"事变时进行了细心的情报搜集和分析，选择了对日军而言最为有利的战略时机。早在事变发生前的5月，关东军就根据搜集到的各种情报，对如何挑起冲突、如何军事占领东北做过"沙盘推演"。③ "七七"事变最初或许只是日本华北驻屯军下级军官发动的偶然事件，但是偶然之中有必然，该事件成为日

---

① 参见日本防卫厅战史室编辑. 天津政协编译委员会译. 大本营陆军部摘译. 四川：四川人民出版社，1987. 185~186

② [日] 日本读卖新闻战争责任检证委员会撰稿. 检证战争责任：从"九一八"事变到太平洋战争. 郑钧等译. 北京：新华出版社，2007.2. 事实上，在1928年6月3日，日本关东军特务机构在高级情报参谋河本大作的策划下，炸死了军阀张作霖，制造了"皇姑屯事件"，加速了日本帝国主义以武力侵略中国东北的步伐。这一事件同样不是高层授意有意为之，而是日本低层军官"下克上"的典型表现。

③ 参见日本帝国主义侵华档案资料选编. 九一八事变：上册. 中华书局，1988. 385

本军队大规模侵华的借口，军部在如何将偶然事件引发为全面战争这一问题上进行了精心策划。

第二节 情报失误限制了情报功能的发挥

通过对日本近代对外发动的四场战争进行梳理，我们发现日本决策者在不同时期对于情报的态度是有变化的。分析日本情报机构的作用，大体可以以日俄战争为分界点。一直到日俄战争取得胜利，日本始终非常重视情报的作用，积极进行情报建设，情报较好完成了保障战争决策的任务。但从侵华战争开始，由于某些原因日本决策者对待情报的态度发生了微妙的变化，情报在保障战争决策时没有发挥应有的作用，情报出现了一系列失误。分析原因，情报工作本身的缺陷如情报搜集不完整、保密措施不到位等会导致情报失误，情报机构的人事任命、经费预算、编制等都听命于上级领导，加之情报自身的弱势地位与情报"政治化"的发生，也会导致情报失误。侵华战争与太平洋战争中的情报失误是导致战争最终失败的重要原因之一。如果将情报使用失误也算入情报失误范畴的话，日本近代对外战争战略决策中的情报失误主要包括以下三种形式：情报搜集失误、情报分析失误和情报使用失误。[①] 总体而言，日本在情报分析上产生失误比较多，尤其集中体现在战略情报分析方面。

一、情报搜集失误使日本难以客观评价己方与彼方

日本情报搜集失误体现在侵华战争前对中国国内各力量的准确把握上。日本发动侵华战争前，对中国共产党的了解非常少。在

[①] 情报使用失误是指正确情报没有得到决策者的重视和有效使用。从情报与决策的关系来说，由于情报机构相对于决策者而言天然处于权力的低位和劣势，所以情报机构有必要积极主动地去塑造与决策者的良好关系，以使得自身更好地发挥保障决策、影响决策的功能。有观点认为，情报使用失误在某种意义上和一定程度上是由情报机构未能协调好与决策者关系导致，情报使用失误也应该归结于情报失误的范畴之内。

进行战略设计的时候，日本始终都以消灭、分化中国国民政府作为主要目标，对中国共产党领导的抗日武装力量的认识很不充分，针对中国共产党的情报搜集工作也很不具体。为调查中国方面的情报，当时日本占领军当局、在中国扶植成立的伪政权、各种组织中设立了许多情报机构，但这些机构主要是针对国民党军队的。① 专门针对中国共产党的谍报网尚处在始建阶段。② 日本对中共真实情况的调查研究及其指挥大部队作战能力的情报，收集得很不充分。③ 日本对当时中国军事情况的情报搜集出现了一系列重大失误：轻视中国共产党及其领导的武装力量，没有将其列入调查重点，认为中国军队单兵素质差，军阀各自拥兵自重，中国军队数量虽多但实际是一盘散沙。④ 就日本发动甲午战争和侵华战争而言，虽然对象都是中国，但两场战争所处的历史时代、战争性质、战争规模、力量对比等基本因素都有很大不同，日本没有客观认识到双方优势劣势的相对性。战争胜负的决定因素是双方政治、经济、军事、地理等诸因素相互作用的结果，而不是其中一个因素决定的。侵华战争是非正义性的，中国得道多助，得到了世界上多数国家的支持与援助。当时的中国虽然国力羸弱，但地大物博、资源丰富、人口众多，面对日本法西斯侵略，中国人民在共产党的领导下团结在一起，不畏强暴，形成了广泛的抗日民族统一战线和国际反法西斯战线。随着战争进程的推进和国际形势的发展，在军事力量、经济基础和战斗精神三方面都实现了中日两国力量对比优劣态势的逐渐平衡甚至逆转。

---

① 罗卫萍. 二战期间日本情报失误研究与思考. 北京：时事出版社，2014. 73～74
② 在百团大战以前，日本华北方面军参谋部第二课一直没有设立专门负责中国共产党的专职参谋，也缺少关于中国共产党以及中国共产党领导的军队、地下组织等多方面的具体准确动向和对实战直接、及时、有用可供迅速采取行动的情报。参见丁则勤. 百团大战前华北日军对中共力量的认识和对策. 抗日战争研究. 1997（3）
③ 日本防衛庁防衛研究所戦史室『北支の治安戦』、朝雲新聞、1979 年、339 頁
④ 杨天石，臧运祜编. 战略与历次战役. 北京：社会科学文献出版社，2009. 62～64

二、情报分析失误使得日本难以准确把握形势和确立战略目标

日本的情报分析失误突出表现在发动侵华战争这一决策过程中。在侵华战争中,日本认为只有国民党的中央军坚决抗日,其他军队在某种程度上都可以与之妥协,受其控制,并坚信只要击溃中央军即可灭亡中国。① 日本对中国抵抗侵略的决心和战争潜力方面的情报分析方面出现了重大失误。发动侵华战争前日本虽然对中国的经济实力、军事实力等方面进行了长期细致的调查,却忽视了中华民族日益高涨的民族意识和巨大的战争潜力。当面临亡国危险时,全体中国人民能够团结起来,各政党、团体能够联合起来,原来有矛盾和冲突的各方也能够搁置争议,一致对外抵抗侵略。日本在长期侵略中国的过程中形成了蔑视中国的思维惯性,仍以甲午战争的角度看中国,而不能对中国国情进行充分客观的分析,过高估计了自己的实力,过低估计了中国的国力。参谋本部情报部中国课的情报参谋对中国政府抵抗意志的判断充满了偏见和错误,决策层对国际局势缺乏正确的判断。② 这些对于国际形势、对于战略对手的判断失误一步步把日本带入战争的泥沼。日本哲学家丸山真男对日本发动太平洋战争的决策过程进行了分析,他认为,对美宣战并非建立在对世界形势的认真分析或对生产能力的比较分析的基础上,决策者对当时的国际事务简直一无所知。

20世纪30年代以后,随着对于情报工作认识的不断加深,情报分析产品中预测评估类产品的必要性和重要性越来越多地被各国情报机构认可。③ 日俄战争以后,日本对于情报的理解开始落后于时

---

① 杨天石,臧运祜编著. 战略与历次战役. 北京:社会科学文献出版社,2009.62~64
② 刘宗和,高金虎主编. 第二次世界大战情报史. 北京:解放军出版社,2009.133
③ 例如,在20世纪30年代,英国工业情报中心利用大量公开资料,系统评估了德国军备情况;二战期间,美国战略情报局研究分析处针对战争发展走向和国际形势演变进行了大量的评估工作。

代，对于情报评估的重要性认识不足。情报评估要么缺失，要么缺乏客观性，即使有客观的情报评估却被忽视的现象逐渐出现在日本侵华战争以后的决策过程中。加上受到之前甲午战争和日俄战争取得胜利的惯性思维影响，日本在对对手进行实力判断时，容易受到先入为主的思维影响，高估自己低估对手。在分析对方意图时，往往又按照自己的主观意愿，做出符合自己想象的判断。尤其太平洋战争爆发前，日本缺乏对形势的正确判断和对战争的长远规划。①

太平洋战争前，作为日本战时经济评估机构的企划院主张早日对美开战，幻想通过联合德国抗衡美国，通过战争解决国力差距问题。通过驻外武官等提供的情报，日本对德国国力进行了评估，评估结果显示德国国力和军队作战能力非常强大。每次大本营讨论德国和英国谁更强大，德国派始终占压倒优势。②参谋本部情报部的美英组和德国组也相信德国军事力量非常强大。第二次世界大战爆发后，德国以闪电战横扫欧洲，英国退守和法国沦陷让日本产生了德国不可战胜的主观想象。德苏战争爆发后，日本驻德大使大岛浩用"德国实施的警察措施"来评价这场战争，并乐观地估计只要四周时间德国就能击败苏联，这更坚定了日本发动太平洋战争的决心。日军大本营做出判断，苏联将很快被德国攻占，英国将退出战争，美国为保护它在大西洋的利益只能放弃太平洋。③然而，事情没有日本想得那么乐观，德国国力也没有日本想得那么雄厚。德国是资源相对贫乏的国家，仅钢铁产量一项美英两国就是德日的4.5倍，德国石油产量更是不足，甚至一度需要从煤炭中提炼人造石油来维持消耗。当日本还在举国庆祝偷袭珍珠

---

① 罗卫萍. 从珍珠港到中途岛——太平洋战争前期日本情报失误研究. 军事历史研究. 2008 (2)

② 第一次世界大战后，德国重新崛起，在很短时间内工业产量跃居欧洲第一位。希特勒1933年就任德国总理，1936年宣布重振军备，军队数量迅速扩充到100万人。

③ [英] 约翰·科斯特洛. 太平洋战争. 王伟，夏海涛译. 北京：东方出版社，1985.208

港取得的胜利时，德国在苏联的军事行动开始遭遇挫折。偷袭珍珠港不仅没有达到迫使美国与日本签订和约并退出东南亚的目的，反而使美国放弃了孤立主义政策①。日本战术上赢得了胜利，换来的却是战略上的巨大失败。

三、情报使用失误使日本对战争走向研判日益陷入思维定势

国际政治学者罗伯特·杰维斯提出了心理学中的一个重要规律：每个人都有相信自己原有认识的潜意识，他们总是下意识地使新信息与自己原有的认识保持一致，即认知相符。决策者通常都是具有高智商并且理性之人，但在面对情报和使用情报时，他们依然会受到认知相符规律的影响。

1940年6月，在太平洋战争爆发前，为筹划对英美战争的经济问题，日本陆军省秘密组建了一个分析机构——战争经济研究班。该机构又称"秋丸"机关。"秋丸"机关对太平洋前景进行了预测。经过严密论证后，该机关得出结论：日本与英美的经济实力比为1∶20。如果开战，日本的国家经济只能维系两年。由于两国实力差距太大，不建议对英美开战。对于该结论，参谋总长杉山元非常不满，认为结论与"国策"不符，下命令立即将报告烧掉。②在当时，整个决策层都认为对美开战是不可避免的，任何与"南进"政策这一"国策"相悖的建议都是不受欢迎的，任何情报机构的战略分析都必须为南进战略服务。

对于客观的情报评估结果，决策者选择了视而不见，因为该结果与所谓"国策"是背道而驰的，既定政策就这样主导了情报。所以，日本发动太平洋战争决策这一案例也说明，情报再好，如果没

---

① 孤立主义是一种外交政策，在防务方面它体现为不干涉原则，除被迫进行自卫战争外，不主动卷入任何外部军事冲突。

② 小谷賢『日本軍のインテリジェンス なぜ情報が活かされないのか（講談社選書メチエ）』、講談社、2007年、192頁

有科学的决策机制也毫无意义。情报的价值只有通过决策者的使用才能体现出来。决策者没有采纳真实的情报反而将其"烧掉",说明决策失误的责任主要在于决策者,和情报机构关系不大。如美国原国家情报委员会副主席葛里高利·特勒沃顿所述,情报在政策制定者需要的时候就被奉为嘉宾,而不合胃口时就被打入冷宫。[①] 但是,对于造成情报使用失误的原因是否可以完全排除情报因素,情报使用失误是否可以归结为情报机构的责任等问题,目前存在较大争议。毕竟造成决策者忽视或者没有及时使用真实情报的原因有很多,除决策者个人权威意识强烈、一意孤行等主观因素外,情报产品的针对性、时效性不强,情报产品观点模糊,不同情报机构提交的情报产品观点有冲突等因素都会造成决策者对情报机构失去足够信任,引发情报使用失误。此外,如果情报机构从自身出发,通过自己的积极努力成功打动决策者,改变他忽视情报、滥用情报或者只是接受符合自己既定认知情报做法的话,情报使用失误的现象可能就不会发生。毕竟,情报机构相对决策者而言只是决策辅助工具。情报的职能定位既然是工具,就应该更加积极地发挥好自身的支援和辅助功能,而不是单纯期待决策者改变。情报机构应该主动寻求决策者的信任和理解,改善二者关系。

第三节 对日本情报与决策关系的评价

情报不一定必然带来正确决策,但是要实现正确决策,情报是必不可少的。就情报工作而言,战略情报分析能力是最为关键的情报能力,战略分析能力缺失极有可能导致严重的决策失败。从历史来看,日本情报与决策的关系是一个从远及近后又慢慢疏远的过程。日俄战争是了解与评价日本情报与决策关系的关键时间点,在此之

---

① [美]葛里高利·特勒沃顿. 重塑信息时代的国家情报系统. 中国现代国际关系研究所译. 北京:时事出版社,1995. 340

前与在此之后，日本情报与决策关系呈现出两种截然不同的态势。可以说，日俄战争时期日本情报与决策的关系是历史上最好的时期，决策者相信情报、重视情报，情报在决策过程中发挥了重要作用。此后，由于决策者对于情报重视程度的下降，二者的关系开始慢慢疏远。这一定程度导致了侵华战争和太平洋战争决策的失败，战争手段并未帮助决策者实现既定战略目标。

一、情报是实现正确决策的基础

想要取得军事斗争的胜利，正确的决策与高效周密的情报必不可少。知己知彼，百战不殆，对敌人和自身全面深入地了解是军事斗争取得胜利的基础。通过对日本近代以来发动的这四场战争进行分析，我们发现，情报辅助决策功能发挥得好，战争就取得了胜利；反之，未建立在缜密情报保障基础上的战争，均以失败告终。可以说，在甲午战争和日俄战争中，情报较好地发挥了辅助决策的作用，情报与决策二者关系形成了比较理想的互动关系。然而，在侵华战争和太平洋战争中，情报与决策关系变得疏远，决策者不重视情报的作用，僵化的决策机制限制情报作用的有效发挥，情报成了决策的附庸，先有政策后有情报，情报成为决策者达成既定目标的工具。情报在决策中的地位已经不可同日而语。从侵华战争开始，日本情报机构的地位越来越低，"军事优先，作战第一"的风气损害了情报效能的发挥。情报是决策的基础，没有情报保障就不能科学决策，但是，"政治化"的情报、丧失了客观性的情报害处更大。尽管了解决策者决策时所涉及的全部影响因素是非常困难的，对未来进行预测评估的情报分析工作也很难成为一门精确的科学，但情报工作，尤其是预测他人将采取何种行动的情报评估依然是所有国家关注的重中之重。[①]

[①] [美]艾伦·杜勒斯. 情报术. 陈秋慧译. 北京：金城出版社，2014. 174

二、战略情报分析能力不足导致决策出现诸多问题

战略情报分析能力缺失使得日本屡屡在判断国际形势、确立战略目标和对比敌我力量时产生偏差，导致决策失误。决策者进行战略决策时主要依赖战略情报而非其他，战略情报分析能力缺失将引发诸多问题。日本情报史学家小谷贤批评日本在"短期的、现在的、作战层面的情报工作比较成功，但对于那些无法直接对作战产生效用的、全局性的、可能将来有用的战略情报却漠不关心"[①]。日本战略文化中有重视局部轻视整体的倾向，日本往往无法系统全面地掌握对手的情况，也不能理性看待己方的优势和劣势。

第一次世界大战后日本海军便开始以美国为头号假想敌。日美之间国力差距巨大，很多日本人对于与美国作战持谨慎态度。然而，由于中日战争陷入胶着状态和美国对日本经济持续封锁，日本决策层最终选择了对美开战的道路。日本决策者用"绝望"来评估当时的日美关系，认为不用武力进行扩大战争，日本就没有出路。[②] "与其坐以待毙，不如尽早开战"的想法逐渐统治了海军乃至整个军部。[③] 日军参谋总长杉山元和军令部总长永野修身都认为，局势危急，不能浪费时间，日美谈判无论能否成功都必须早日结束，若不成功则立即采取战争手段，尽快开战。[④] 日本对美开战的决断，并非基于对日美力量对比的客观分析，更多的是一种主观愿望。开战前日本决策者只接受符合自己政策取向的情报。大本营讨论的重点不是对英美作战计划的可行性，而是主义观念之争。尽管日本对美国的情报活动早在一年前就已启动，但关键时刻真正起作用的却是

---

① 小谷賢『日本軍のインテリジェンス なぜ情報が活かされないのか（講談社選書メチエ）』、講談社、2007年、199頁
② 雷国山．日本侵华决策史研究 1937－1945．上海：学林出版社，2006．173
③ 小谷賢:『日本軍のインテリジェンス なぜ情報が活かされないのか（講談社選書メチエ）』、講談社、2007年、163~167頁
④ ［日］重光葵．日本侵华内幕．齐福霖等译．北京：解放军出版社，1987．284

第四章 日本近代对外战争决策中情报保障的成败评析

"不要误了公共汽车"的心理。在考虑是否应该动用武力以及开战时机等问题时，影响决策的实际上是一种缺乏具体情报支撑的主观臆断。

三、优质情报不一定带来正确决策

情报与决策二者的地位不平等，情报也不是决策的必要条件。由于情报具有不确定性，在战争中想做到孙子所说的"知己知彼"非常难，但这又是几乎所有指挥战争的军事统帅所希望和追求的，二者形成一对很难化解的矛盾。对外战争决策是一项非常复杂的行为，其影响因素很多，不仅有理性的，还有非理性的因素；既有决策者因素、决策体制因素和决策环境因素，还有历史惯性、偶然事件等因素。战争决策是在特定背景下进行的，具有风险性、制约性和全局性等多种属性，它受到国家综合国力和决策允许时间等条件制约。决策者的知识结构、思维方式、实践经验、心理状态乃至健康状况等，都可能对战略决策过程和结果产生影响。战略决策往往是领导集体的组织行为，往往涉及组织内所有人意见的一致，这体现了民主决策，但组织内部协调的过程影响了效率，也可能使组织决策出来的结果只是一个中庸的没有任何建设性的结果。国家决策机制科学与否会很大程度影响战争决策的质量和效率。历史惯性会影响决策者，如果历史上存在一个相似的决策情境，人们会把从相似的重大历史事件中汲取的经验应用到这一次的决策过程中去。不对过去和现在进行认真比较，不对具体问题具体分析就根据过去的经验决策，很容易使人误入歧途。[①] 日本发动太平洋战争时，希望通过一次大规模偷袭行动重创美军进而使美国产生惧怕心理而主动与日本谈判，就源自甲午战争的经验。但事实上，这两场战争相差很远，无论是国际环境还是战争模式，都已经发生了很大的变化，不

---

① [美]罗伯特·杰维斯. 国际政治中的知觉与错误知觉. 秦亚青译. 北京：世界知识出版社，2003. 236

可同日而言。另外，历史多次证明，偶然因素也是影响战略决策成败的重要因素之一。克劳塞维茨强调，"战争是充满偶然性的领域。战争给偶然性留下这样广阔的活动天地，战争从各方面都和偶然性经常接触。"① "战争是充满不确实性的领域。战争中行动所依据的情况有3/4好像隐藏在云雾，是或多或少不确实的。"② 费迪南·福煦③在《作战原则》中说："未知因素是战争的主宰因素"，那些准备发动战争的人必须将这一点考虑进去。修昔底德提醒，要对战场的不确定性有心理准备："开战之前就要考虑大量意外事件对战争的影响。随着战事的进展，会出现一系列偶发事件，谁都无法逃过偶然，我们必须在黑暗中冒险。"④ 但正因为决策具有这样的属性，才需要情报机构具有战略高度，通观全局，对战争进行综合分析，把各方面因素联系起来，把当前和以后的利益联系起来，抓住本质，抓住关键，掌握战争全局斗争的重心，辅助决策者做出正确决策。由于时代的关系，过去情报搜集的手段少、范围小、水平低，战场上自然有大量不可知因素。就日本而言，在困难条件下努力开发情报资源，发动几乎所有能动用的人力搜集情报，取得了比较大的成功，这一点值得肯定。

此外，情报需要合理的决策机制才能最大程度发挥作用，如果决策机制本身出现问题，再好的情报也不可能带来正确的战争决策，这一点体现在太平洋战争的决策过程中。决策者明明意识到对美开战的高度危险性，但还是决定对美开战。山本五十六对美国的情况十分了解，清楚美国庞大的工业规模和强大的国家实力，所以他一开始并不赞成对美开战。但是，一旦对美开战成为既定

---

① [德]克劳塞维茨. 战争论. 中国人民解放军军事科学院译. 北京：解放军出版社，2004. 52

② [德]克劳塞维茨. 战争论. 中国人民解放军军事科学院译. 北京：解放军出版社，2004. 68

③ 费迪南·福煦是第一次世界大战时期法国的陆军元帅，是著名的军事战略家。

④ [古希腊]修昔底德. 伯罗奔尼撒战争史：第一卷. 谢德风译. 北京：商务印书馆，1960. 78

政策,他就要摒除杂念,一心一意为该决策服务,努力实现既定的政策目标。

四、情报对战争决策的辅助作用在日俄战争时期到达顶点

无论哪个国家,哪个年代,战争决策中的情报保障工作一定既有成功又有失败,尽管成功的案例往往多于失败的案例,但情报机构的秘密属性决定了即使情报工作再成功也不能被大肆宣扬。对于情报机构的这种特殊属性,美国总统肯尼迪曾表示同情,"你们的胜利不为人所知,你们的失误却被大肆宣扬"。[①] 从历史习惯上看,英明的决策往往是决策者自己的功劳,但决策失误的责任却经常由辅助决策的情报机构来承担,即没有政策失败,只有情报失败。日本情报工作的典型代表是日俄战争时期的情报天才明石元二郎,自他开始,日本情报工作形成了"不炫耀功绩"的传统,这使得我们在进行日本情报相关问题研究时容易忽略其工作特色以及取得的成绩。

对于日本情报机构在决策部门中的地位来说,日俄战争是个分水岭。甲午战争、日俄战争中情报机构基本实现了与决策者的良好互动,国家最高决策者重视情报、重视情报机构,情报机构的领导者在政府、在军部都有很高的发言权。甲午战争前,在对战略态势进行研判时,当时的决策部门对情报机构的判断都给予高度的重视。日本外务大臣陆奥宗光说过这样的话,"战之能成与否,悉听川上"。甲午战争后,日本被俄、法、德三国干涉归还辽东半岛导致日本上下群情激奋,明治天皇安抚大臣时表示,"不用着急夺回辽东半岛,我们已经了解这个地区的地理和人文。朝鲜或其他地方不久以后还

---

① 孙守鹏. 情报与决策——到底是谁的失误. 情报探索, 2005 (2)

会发生战争，到那时再夺回也不晚"。① 明治天皇对于情报工作极为重视，他清醒地认识到，对俄开战之前，要先养精蓄锐，通过情报活动摸清对手的虚实之后再发动战争，一击必胜。日本陆军参谋次长儿玉源太郎对内田良平的情报分析能力和智谋很是赞赏，允许黑龙会去中国东北为关东军效力，并提供资金和武器支持。② 这些事例都表明，日本情报机构的工作效率较高，其存在对于维护国家安全、打赢对外战争都很必要。

在甲午战争和日俄战争期间，对于无论是政府还是军队的领导者而言，日本情报机构都拥有相当的话语权，其情报能力也受到了领导层的相当认可。比如1902年，内田良平要求陆军省任命明石元二郎为驻俄武官，并以黑龙会停止与它合作、不再提供情报相要挟。然而，到了侵华战争和太平洋战争时期，随着日本国内政治生态发生变化，军部地位急剧提升，军人开始"暴走"，国家走上军国主义道路，日本政治决策机制、过程都发生了异化，背离了之前正确的方式，情报机构的地位也一落千丈，战略决策过程中很难看到情报机构发挥作用，这也是日本战略情报工作失败的主要原因之一。

小结

任何一个历史事件的出现都不是偶然的，背后一定有它必然的原因。任何一个历史事件都不是孤立的，总会与它所在的历史环境产生某种联系。进行历史研究时，必须把历史事件放回到历史中予以考察、分析和研究，才能真正揭示历史的本质和规律。③ 日本近代对外战争决策中的情报保障问题也是一样，我们需要具体地、历史地对其进行分析。只有坚持从历史事实出发，如实反映日本情报保

---

① ［日］井上清，铃木正四编著. 日本近代史：上册. 杨辉译. 北京：商务印书馆，1972.199
② 王希亮. 近代西伯利亚和远东地区日本谍报活动评述. 西伯利亚研究，2003（4）
③ 张晓军主编. 军事情报学. 北京：军事科学出版社，2001.171

第四章 日本近代对外战争决策中情报保障的成败评析

障在战争决策中发挥的作用,才能进一步揭示情报工作的一般性规律。回顾近代以来日本对外发动战争进行侵略扩张的历史,我们能够清晰发现情报保障在日本战争决策过程中起到的作用与存在的不足。在甲午战争和日俄战争时期,决策者与情报机构之间保持了紧密的合作关系,情报辅助决策的制定,并通过战争达成了既定的战略目标。决策者重视情报机构的作用,赋予其较高的地位,对情报工作也给予了方向性指导与反馈。随着日本在军国主义扩张的执念中越陷越深,日本情报工作开始暴露出很多不足,在战略决策过程中的地位和作用也发生了改变,尤其是辅助决策的战略情报的价值未能得到充分体现。日本的决策者受到侵略扩张惯性思维和军国主义既定政策的驱动,在没有得到充分情报保障的情况下贸然发动了侵华战争,后又无视国际形势的变化与日美两国之间巨大的实力差距,挑起了太平洋战争,招致战败投降的下场。从情报与决策关系的角度看,日本战败投降的下场并不出人意料,完全符合逻辑,也符合情报工作的内在规律。

学界对于日本近代情报工作的评价,尤其是第二次世界大战期间情报工作的评价,多是比较低的,认为日本情报工作的理念落后、技术手段单一、战略情报分析不足,甚至认为是日本的情报失误才导致了其发动太平洋战争,落得战败投降的下场。某种意义上,这些评价都有一定的道理,日本近代的情报工作也确实存在上述诸多不足。然而,通过对近代日本发动的四场对外战争进行历史考察,尤其是对日本战争决策中的情报保障的历史演进、特点、影响因素进行研究之后发现,与情报投入相比,日本的情报保障是高效而且富有特色的。明治维新后日本的情报工作在当时全世界情报界都占有一席之地,有自己独特的工作理念和工作方式,如国民情报意识强烈、全民进行情报活动等,非常值得学习和深入研究,对当前的情报工作也有较大借鉴意义。近代以来,日本情报工作一直有"不炫耀功绩"的传统。如果不谈日本发动侵略战争的非正义性与危害性,历史上,为了"国家利益",日本情报人员确实积极献身情报工作，克勤克俭并以此为荣。从第二次世界大战中期开始，日本情报失误屡屡发生。分析原因，与当时日本所处的时代环境、情报能力、决策者的个人能力、决策机制等都有关系。日本在侵华战争、太平洋战争中失败的原因很多，情报保障不力、情报失误到底是不是导致其战败的主要原因尚且存有争议。在太平洋战争初期日本能够不断取得胜利、迅速扩大战果的原因，欧美通常认为是轻视和低估了日本的能力导致盟军麻痹大意。事实上，仅就情报保障而言，战前英美对日情报分析失误与日本积极情报工作形成了鲜明对比。

第五章 对做好战争决策中情报保障的思考

近代以来，日本频繁对外发动战争，其中多次是以中国为战争对象，并给中国带来巨大生命和财产损失。落后就要挨打，这句话不仅仅适用于国家，同样适用于情报工作。随着时代的进步，情报搜集、情报分析、情报与决策者关系等都发生着重要和日新月异的变化，这种变化在未来也将一直持续，情报工作必须因势利导，跟上甚至领先时代。本课题通过梳理日本历史上四场对外战争决策中的情报保障相关情况，对其情报保障的特点和主要影响因素进行了归纳总结，并对情报保障决策的成败进行了评析。回顾日本历史上的情报活动，观察情报在日本战争决策过程中的地位和作用，既有理论意义，又有现实意义，既可以为发现情报工作规律提供案例基础，又可以增进对日本这一民族国家历史上情报工作的了解。

第一节 发挥战略情报在战争决策中的基础性作用

为战争决策提供保障的主要是战略情报。战争决策是战略决策内容中的重要组成部分，在和平时期进行战略决策同样需要战略情报的支持。战略情报是居于高位的政治家和军人为保卫国家利益而必须掌握的知识。① 战略情报涵盖范围非常广泛，涉及国际形势、战略环境、战争爆发可能性、敌我力量对比以及敌方政治、经济、外交、军事政策、领导人性格等，战略情报对战争决策有重要影响。早在二战期间，美国就已经意识到战略情报对于国家安全所具有的重要意义，罗斯福总统下令成立美国第一个统一的中央情报机构——战略情报局（Office of Strategic Services，OSS），将原情报协调局和军方情报力量相结合，由威廉·约瑟夫·多诺万担任局长。二战结束后，美国设置中央情报组及中央情报主任等部门与职位专门负责战略情报工作。"9·11"事件发生后，美国又设立了国家情报总监以提升其情报界的战略情报分析水平。在理论研究方面，战略情报相关研究成果数量众多。② 中国对战略情报问题研究的关注度正在增加，但整体尚属于吸收、借鉴美国情报理论阶段，还有进一步结合自身实际进行深入研究的空间。

一、增强战略情报对于战争决策重要性的认知

战略情报是决策者进行战争决策的重要依据，战略情报保障质量直接影响到战争决策的科学性。对战争决策中战略情报的重要地位和作用的认知是战略情报研究的前提。美国学者理查德·罗素认为："几千年来，战略情报及其在军事斗争中的应用都是国际关系的重要组成部分。旨在帮助公众及政策制定者全面理解战略情报重要性的研究不足。"③ 作为情报实践和情报理论大国的美国，情报研究

---

① 在《为美国世界政策服务的战略情报》一书中，作为在情报机构工作过的学者型情报专家和二战初期国家情报分析工作领导者，谢尔曼·肯特提醒人们要加深对战略情报重要性的认识。[美] 谢尔曼·肯特. 为美国世界政策服务的战略情报. 刘微，肖皓元译. 北京：金城出版社，2012. 187

② 除了上述《为美国世界政策服务的战略情报》，还有美国乔治亚大学政治学教授约翰逊的《战略情报》及其与詹姆斯·沃尔兹合著的《战略情报——通向秘密世界的窗口》，布兹曼的《战略情报与治国之道》，美国陆军战争学院的《战略情报与国家安全》等。

③ 理查德·罗素. 磨砺战略情报. 石文慧译. 北京：中国现代国际关系研究院出版，1998. 4～6

第五章 对做好战争决策中情报保障的思考

一直非常热门,即便如此,战略情报的重要性依然没有得到充分认识。对于长期以来久居和平环境中的中国而言,不仅要提高对于情报工作的关注度,更要增强战略情报对于国家安全、战略决策重要性的认知。[1]

战略情报是保障国家及军队最高战略决策的情报产品,独特地位和重要作用决定了其在情报金字塔塔顶的位置。战略情报直接为统帅部服务,为最高层战略决策服务,为战争决策服务。虽然影响战略决策的因素包括决策体制、决策文化、领导人性格等众多方面,但战略情报是国家进行战略决策的前提和定下战略决心的根据,战略情报质量直接决定战略决策水平。前苏联元帅朱可夫在《回忆与思考》一书中指出:"情报和对情报的正确分析,是判断情况、定下决心和制定计划的依据。如果侦察不能提供正确情报或者情报分析犯了错误,那么各级首长、司令部的决心就不会正确。"[2] 战略情报和战争决策是辩证统一关系,战略情报工作的优劣一定程度上决定着战争决策的成败。情报机构要不间断进行战略情报工作,同时接受决策者的指导,随时为战略决策提供所需一切情报。

对历史上的战争进行总结,我们能收获大量宝贵的经验与教训,使我们更加了解战略情报对于战略决策和国家安全的重要性。战略情报工作一旦落后,对战争胜负和国家安全的影响是难以估量的。偷袭珍珠港取得成功,日本海军虽然没能击沉美国的航空母舰,但是一举取得太平洋战争早期的海上优势并夺取了西太平洋制海权,可以在太平洋西部和西南部畅通无阻地实施其进攻计划,为南进作战解除了后顾之忧,同时赢得时间以扩建防御圈。[3] 日军所向披靡,席卷了整个东南亚和西太平洋地区,日本海军也因此走向辉煌的顶

---

[1] 中国军事百科全书军事情报分册(第二版).北京:中国大百科全书出版社,2007.68
[2] [苏]格奥尔基·康斯坦丁诺维奇·朱可夫.回忆与思考.苏英,刘善继译.北京:军事科学出版社,1983.125
[3] [英]李德·哈特.第二次世界大战战史.钮先钟译.上海:上海人民出版社,2002.297

峰。① 日本联合舰队能够取得如此赫赫战果，主要归功于日本的强大情报能力，使得日军能先机制敌，但其成功更多地体现在战役、战术情报上。从长远来看，偷袭珍珠港、发动太平洋战争的战略决策是失误的。即使战争局部取得成功，但更改不了最终整场战争失败的命运。太平洋战争可以说是战术上成功、战略上失败的典范。

二、扩充战略情报内涵

在早期的战争实践中，战略情报主要是指与战争直接有关的敌方政治和军事动向、最高政治和军事统帅、战略方针和战争计划、保障作战的经济基础、国民士气等。由于战争几乎是国家安全的全部内容，战略即为军事战略，因此战略情报也仅限于军事范畴。② 随着战争实践不断发展，随着经济、科技、能源、金融、舆论等因素对战争走向和结果的影响越来越大，战略的内涵开始扩大。以大战略③为代表，战略已经不再局限于军事范畴，战争不是国家安全的全部内容，军事战略成为国家安全战略的一个方面。战略内涵的扩大对战略情报产生了重要的影响，人们对战略情报的认知也不断与时俱进。当今，只重视军事安全而不注重政治、经济、科技、金融、能源等其他方面安全的战略情报工作不能称之为战略情报工作，当然更难以做到保障战争决策的要求。战略情报是有关国家安全和战争全局的情报。随着综合安全这一新国家安全理念的出现，国家安

---

① 过毅，高鹏编著. 20世纪重大战略决策选择. 北京：军事科学出版社，2004. 245
② 早期的战略是指导战争全局的统筹和计划，是军事统帅对战争的认识以及基于这种认识采取的行动。
③ "大战略"是国家战略体系中以军事战略为主体的总体战略。李德·哈特针对国家为了赢得战争动员政治、经济、军事、外交等各方面力量进行"总体战"的这种新战争形态，提出了"大战略"概念，首次将大战略与战略（军事战略）区别开来。1935年英国的野战条令认为大战略是"为实现全国性目的而最有效发挥国家全部力量的艺术。它包括采取外交措施，施加经济压力，与盟国签订有利的条约，动员全国的工业和部署现有的人力，以及使用陆海空三军进行协同作战"。美国战略理论家约翰·柯林斯在《大战略》一书中对大战略做如下解释：把国家战略中的全部军事战略和其他领域的战略（政治、经济、社会、科技和心理等）中与国防直接有关的部分汇集在一起，构成大战略。

全的范围更加广泛，它不仅仅局限于传统的军事安全，而且涵盖了政治、经济、科技、环境、文化、粮食、能源、意识形态甚至作为一个群体的"人"的安全等诸多方面。

特别应该注意的是，战争是为政治目的服务的，战争决策本质上是政治决策而非单纯的军事决策。[①] 决策者必须从战略的高度对待和处理战争决策问题，政治决策不能被军事战略左右，否则就可能出现日本在侵华战争时期由前线军事指挥官主导战争发起时间的情况。因此，服务于战争决策的情报保障工作自然不能仅仅是为保障军事战略和作战胜利而组织实施，更要从实现国家政治目标的高度审视战争，制定更加全面、客观、合理的情报保障战略，决定是否发动战争的战略情报所涵盖的范围也要远远超过单纯军事意义上的情报。正如李德·哈特在《战略论》中指出的那样，军事上的胜利并不等同于政治目的的达成，军事目标只是政治目的达成的一种手段。[②]

三、战略情报工作勿论平时战时

战争期间，战略情报主要为战争决策服务，受战争中各种因素制约。战争爆发一般有具体时间，也可能是突然发生，但战略情报工作没有时间限制。战略情报工作不分平时战时，必须始终保持连续不间断进行。战略情报工作的一大特点是不间断性，即平时要为战时准备，无事要为有事准备，这也是战略情报工作的特殊性之一。战争与和平是两种不同国际关系形态，不同时期情报工作的侧重点会有所不同。和平时期，战略情报主要为国家建设和利益拓展提供有用信息；在战争时期，战略情报则要为指导战争全局、进行战略决策、实施战略计划、选定战略时机服务。战略决策所需情报量巨大，关系到国家各个方面，其中有些可以在战争爆发的当时、现场

---

① 曹延中. 战争的决策. 北京：军事科学出版社，2011. 58
② [英] 李德·哈特. 战略论：间接路线. 钮先钟译. 上海：上海人民出版社，2010. 292

获得，但是有关战略对手的政治架构、外交理念、军事基础、财政收入、军事战略等情报，则需要依靠平时一点一滴积累。情报机构要做到未雨绸缪，推着政策走，而不是被政策拉着走。① 艾伦·杜勒斯在反思美国曾遭遇到的"昔友今敌"的历史教训时表示，在和平时期也必须搜集并储备所有国家的基本情况，这类情报尽管大部分都不是秘密但总会在非常时期发挥作用。② 情报要接受决策的指导，但不是一味地等待和被动接受，否则就会导致情报滞后。对于决策而言，情报要有提前量，情报不仅要为决策需要时刻做好准备，更是对决策的一种引导。当决策者意识到他实际需要什么情报时，情报部门提供情报或者是提高分析能力通常已经晚了。③

甲午战争中，虽然清朝政府统治腐败，但如果同日本对比当时决定战争胜负的各项因素，清朝政府并不是全部处于下风，日本取得大胜的原因之一就是全面可靠的情报。日本重视情报的价值，全面动员海内外谍报人员搜集清朝政府情报。在甲午战争爆发的20年前，日本就已经开始了针对清朝政府的情报搜集活动，制定了系统和完整的谍报计划。针对清朝政府的情报活动持续时间长、范围广，搜集内容覆盖军事、经济等各个方面。情报为日本赢得这场战争的胜利奠定了坚实基础。④

四、突出预警情报在战略情报中的核心地位

结合历史经验来看，日本发动战争时有"先发制人"进行突然袭击的传统。自明治维新以来，突然袭击一直是日本发动战争的典型方式。1894年7月25日，日本不宣而战，在黄海丰岛海面伏击中

---

① ［美］葛里高利·特勒沃顿. 重塑信息时代的国家情报系统. 中国现代国际关系研究所译. 北京：时事出版社，1995. 407
② ［美］艾伦·杜勒斯. 情报术. 陈秋慧译. 北京：金城出版社，2014. 55
③ ［美］葛里高利·特勒沃顿. 重塑信息时代的国家情报系统. 中国现代国际关系研究所译. 北京：时事出版社，1995. 331
④ 宗泽亚. 清日战争 1894—1895. 北京：世界图书出版社，2012. 178

第五章 对做好战争决策中情报保障的思考

国运兵船队,同时向驻牙山的中国军队发起进攻,挑起了甲午战争。1904年2月8日,同样是不宣而战,日本海军突然对驻仁川和旅顺港的俄国舰队发动攻击。1931年9月18日,日军突然袭击了东北军驻地北大营,接下来又分别向沈阳、长春等城市的中国驻军发起攻击,同样未经宣战。1941年12月7日清晨,日本海军六艘航母组成特混舰队,长途奔袭至美国珍珠港,发动突然袭击重创美军太平洋舰队,揭开太平洋战争序幕,还是不宣而战。由此可见,日本在发动战争前,会事先做好包括情报搜集、分析、反情报等周密准备工作,然后趁对方不备,找准时机发动偷袭。在对方完全没有防备的情况下发动进攻,迅速取得战场优势,能够使对方处于被动应付状态,为随后的终战谈判赚取筹码。

在信息时代的今天,传统的战略欺骗理论得到进一步发展,军事谋略和政治谋略配合运用,使谋略运用更具有技巧性与迷惑性,欺骗手段更加多样。当前,国家间发生大规模战争的可能性不大,更多的可能是从突然袭击开始的武装冲突。在严格限定战争规模的情况下,突然袭击被察觉的可能性很小。实施突然袭击的一方事先一定会谋划好行动方案,在时间、地点的选择上一定是对己方有利,战术上往往强调速战速决,在很短时间内造成既成事实并达成作战目标。就战争规模而言,武装冲突的规模很小,其意图不容易被察觉,更容易达成突然性。更有甚者,"利用飞机和航空兵的高度机动性,从分散区域出发远程奔袭,以战术行动达成战略目的,被袭一方事先很难发现迹象,防不胜防"[①]。日本历史上在发动战争过程中,将情报谋略的效果发挥得淋漓尽致,将军事谋略和政治谋略结合在一起,施展各种欺骗手段以达到预定的战略目标。

战略情报保障旨在向决策者或机构适时发出"预警"信号,成功的战略预警情报有两重作用:一是遏制偷袭发生,通过战略情报分析,预判对方的行动计划并做好相应准备,能够达到情报威慑的

---

① 翟晓敏,杨寿青编著. 军事情报分析与预测. 北京:国防大学出版社,2000. 184

效果，从而使敌人放弃军事挑衅；二是冷静应对偷袭，由于事先在心理上或者物质上都有所准备，在偷袭发生时便可以根据预设的方案进行应对。如果毫无防备的情况下被战略对手偷袭成功，惊慌失措的状况很可能间接导致冲突升级甚至失控，陷入被动局面。

通过评估战略对手的能力和意图①，我们可以判断其是否有发动突然袭击的可能性。战略情报工作的核心内容是提供预测评估类情报产品，对可能出现的危机发出警报。正确的战略情报分析是实施战争指导的重要前提。发现敌方发动突然袭击的征候，是战略情报的首要任务。②如何判断偷袭可能发生的时间、地点、规模、缘由，这是情报部门尤其是战略情报部门需要深入思考和认真研究的现实问题。如果情报机构能及时发现战争征候，进行先期战略预测，通过严谨的情报分析准确判断敌方可能采取的军事行动和企图，就可减轻在战争初期的损失，迅速扭转不利局面。

五、构建一体化战略情报体制

情报体制体现了一个国家对情报工作的总体部署，主要涉及国家的情报政策，国家情报规划和发展战略、国家情报法规制定，情报的国际交流、情报机构的设置、情报经费的来源与使用、情报机构与其他部门的协调关系等。③一个好的情报体制，应当有利于情报人员发挥所学情报知识、施展情报能力、激发其工作热情、保持良好的精神状态。情报体制的好坏会直接影响到情报工作的效率和情报产品的质量。尤其进入21世纪以来，国际安全形势发生了重大变化，打击恐怖主义及各种分裂、破坏活动已经成为国际社会的共识。在新的形势下，各国情报机构为了更加有效地维护国家安全和社会稳定，纷纷对国家情报体制进行重大调整和改革，以适应国际、国

---

① 能力是运用所需兵力在一定时间内可以达成某种特定目标的本事。意图是指有发动战争的目标及其运用能力实现该目标的决心。
② 翟晓敏，杨寿青编著．军事情报分析与预测．北京：国防大学出版社，2000．183
③ 伍晓华，林春应．对军事情报价值度量的一种方法．情报杂志，2006（2）

内情报工作需要。讨论情报体制改革的问题时，首先应该考虑它与本国政治体制、战略决策机制、社会文化传统等是否具有内在一致性。归根结底，评价一种情报体制是否合理，实践是唯一标准。

世界上的每个国家都有其独特的历史习惯和文化背景，对情报工作的态度和认识也各不相同，因此适用于所有国家的"最佳情报体制"不可能存在[①]。各国都可以借鉴其他国家历史上情报工作中的有用经验，吸取教训，逐步建立起适合自身国情、合理高效的一体化战略情报体制。正如马克思·布特指出，革命性改革往往通过渐进的量变而实现，建立符合国情的战略情报体制需要审慎研究、大胆试验，边摸索边前进。

战略情报工作是一项系统性工作，靠单个部门或几个人无法完成，因此，要制定和完善国家战略情报政策和法规，调动战略情报系统的内在动力，充分发挥每个战略情报群体的作用。情报交流不畅、共享不积极的问题在各国情报工作中普遍存在。各情报机构视彼此为竞争对手，忽视情报共享、技术交流，对情报工作整体效率的发挥有百害而无一利。谢尔曼·肯特说，"保密规则就像装甲。装甲越厚，里边的人越安全，但也越没用。"[②] 保密是情报工作中成功的重要保证，但是凡事都过犹不及，过于强调保密而忽视共享，非但不利于事业发展，反而容易让人故步自封。因此，无论是哪个国家，情报系统的各部门之间都应培养相互信任、互为己用的关系，营造资源共享的文化氛围。只有加强部门间的协调配合，实现资源共享、取长补短，才能提高战略情报搜集、分析和评估的整体能力。

第二节　形成情报与决策良性互动

研究战略决策中的情报保障问题，不仅是要强调情报应该为决

[①] 北冈元『インテリジェンス入門』、慶應義塾大学出版会、2003年、204頁
[②] 张晓军主编．美国军事情报理论研究．北京：军事科学出版社，2007.124

策服务，决策应该使用情报，更是要回答情报应该怎样更好地为决策服务，决策应如何更好地使用情报。二战以来，在情报理论研究最为发达的美国，情报与决策的关系问题是一个备受关注的课题。谢尔曼·肯特指出，"当情报生产者意识到向用户提供不符合其设想的知识没有意义，情报工作就毁掉了。"① 因此，建立良好的情报与决策关系以及科学的决策模式，是提高情报工作效率的必经之路。以战后美国为例，情报界除了提供情报以外，还深刻影响着美国外交政策的制定和执行，而且正在进一步扩大对决策领域产生的影响。

一、认识情报与决策良性互动的重要性

任何国家的决策者几乎都面临情报与决策的关系问题。认识情报与决策关系的重要性、使二者形成良性互动是克服和减少情报失误的重要举措。谢尔曼·肯特指出，"在情报工作中，情报部门与情报用户之间建立适当关系是最重要的。"② 情报保障的最终目的是发挥助手作用，为决策服务。因此，情报机构与决策者之间必须建立恰当关系，努力实现情报与决策的良性互动。

情报的最高价值体现在是否能够转化为服务于国家安全利益的决策依据。③ 如果情报未被决策者采纳，即便它再准确、再及时、再全面，也将变得毫无价值。关于情报机构的作用，在中央情报局的工作手册中有明确表述：中央情报局对美国决策过程的影响如何，最终要看决策者是否以它的情报为依据。美国中央情报局原局长盖茨认为，"情报分析部门的工作效能取决于领导人的关注程度。如果

---

① ［美］谢尔曼·肯特. 为美国世界政策服务的战略情报. 刘微，肖皓元译. 北京：金城出版社，2012. 168

② ［美］谢尔曼·肯特. 为美国世界政策服务的战略情报. 刘微，肖皓元译. 北京：金城出版社，2012. 145

③ 刘强. 战略预警视野下的战略情报工作——边缘理论与历史实践的解析. 北京：时事出版社，2014. 285

第五章 对做好战争决策中情报保障的思考

中央情报局与美国最高决策层关系不佳,那它就失去了存在的意义。"① 因此,分析人员必须主动介入决策过程,积极介入制定和评估政府的各项政策,并对这些政策产生的效果提供评估,以求最大限度地吸引决策者的注意力。需要注意的是,情报积极介入决策过程是有前提的,那就是要保证情报产品的客观性,不能为了追求情报的相关性而牺牲客观性。

著名战略研究家钮先钟先生指出:"情报的功能就是给决策提供必要的知识基础。"② 意即一切政策的制定都要建立在情报基础上,情报是为决策服务的。但是,情报如何为决策服务,情报与决策应该建立什么样的关系,不慎重对待,其效果可能会千差万别。通过回顾日本情报保障的历史,我们发现决策者和情报人员之间确实应该建立一种密切协作的关系。然而,即使在情报理论大获发展的今天,二者的相互关系也远未达到相互了解、无缝衔接的地步。决策者使用哪些情报,如何使用这些情报,都不是情报机构和情报人员能够左右的,这是决策者独享的权力。但是,情报机构提供给决策者情报信息的数量和质量越高,内容与决策者的关注点越一致,对决策者制定政策的影响力就越大。决策者每天要处理大量事务性工作,用来思考政策的时间有限。一项中长期政策可能需要数周甚至数月时间考虑,因此有关国家安全利益的战略分析主要应由专业情报人员进行。谢尔曼·肯特认为,"决策者基于知识和理解力的知觉是最高境界的真理,应该拒绝那些没有依据及凭空想象的直觉。"③ 这里的依据,指的就是准确而客观的情报。近代以来,国际斗争日趋复杂尖锐,各国领导人都重视利用所获情报,将情报作为制定国家政策和军事战略的重要依据,"国家安全利益要求把情报分析人员

---

① Robert M. Gates, "The CIA and American Foreign Policy", *Foreign Affairs*, 1987/1988 winter, p. 26.
② 钮先钟. 战略研究. 桂林:广西师范大学出版社, 2003. 206
③ [美]谢尔曼·肯特. 为美国世界政策服务的战略情报. 刘微,肖皓元译. 北京:金城出版社, 2012. 166

的努力有效融入政策制定程序"①,因此涉及国家安全的情报产品,尤其是战略评估类产品很可能为高级统帅部门所重视,提出时要经过充分论证。

如今,世界已经进入互联网和数字时代,日新月异的信息环境以及不断变化的情报分析实践正改变着情报人员与决策者的关系,具有传统新闻特征或者评论性的情报产品已经难以满足决策者需要。随着地理空间技术、云计算等新分析方法的出现,情报机构需要向决策者提供更为先进和易用的产品。不局限于历史知识,避免思维定势,通过对获取的大量数据进行分析得出的情报将成为决策的基础。情报机构要变被动接受指示为主动提供服务,使决策者能够迅速、准确地取得所需要的情报。

二、明确决策者在二者关系中的主导作用

美国著名情报理论家马克·洛文瑟尔指出:"决策者可以在没有情报界的情况下存在或运作,但是反过来却不行。"② 在情报与决策二者关系中,虽然情报非常重要,但是决策始终占据主导地位。决策者要增加对情报作用的认识,养成依靠情报进行决策的习惯,培养情报是决策基础的意识。决策者应该认真倾听情报工作者的见解,特别是和自己不同的看法,避免随意使用情报。决策者应及时对上一阶段的情报工作进行反馈,对情报部门下一步的工作方向进行指导,使情报成为决策的必要环节,对情报分析人员提供的各种方案、建议进行比较,将其中有价值的部分吸收到决策中。

某些决策者喜欢情报机构保持客观性。情报机构进行搜集和分析活动时确实需要保持客观性,从某种意义来说这是必须的。事实上,正如谢尔曼·肯特指出,"对问题的多角度、近距离观察,以及

---

① Robert D. Blackwill, "A Policymaker's Perspective on Intelligence Analysis", http://www.cia.gov/csi/swdies/95unclass/Davie.html.

② Avi Shlaim, "Failures in National Intelligence Estimates: the Case of the Yom Kippur War", *World Politics*, April 1976, p. 350.

远离监视或者研究工作的细枝末节,可能会使情报用户得出比情报生产者更为准确的见解。"[1] 但是,过于强调情报机构的客观性,会危害到情报机构对决策者支撑作用的发挥。情报机构保持客观性与情报和决策二者良性互动并不是一对矛盾。情报机构保持客观性体现在情报机构对情报的态度上,但情报工作本身的健康发展和持续进行需要决策者的关注。因为,决策者不仅是情报产品的用户,还是情报工作的评价者和情报工作的启动者。情报对决策的辅助作用,还体现为决策对情报工作的指导。决策者不能满足于被动接受情报,还应该"主动从宏观角度对情报机构做出指导,适时提出情报需求——这是确保情报工作正常进行最重要的因素"[2]。如果决策者不提出情报需求,情报部门就不能确定工作方向,失去存在价值,其搜集、分析职能就会日渐退化,进而导致整个情报工作效率的低下。

情报机构是国家安全机器的组成部分,服务于国家整体的安全和发展利益。情报是为了满足斗争的需要和情报用户的要求进行收集、整理和分析的。情报产品只有被情报用户认可并使用后,情报的准确性、及时性才能得到发挥。决策者可能无意或者蓄意忽视情报人员的观点,认为这些观点不能为决策提供帮助。决策者可能不信任真正具备战略认知、洞察问题本质的情报人员,并力求与情报机构保持距离,因为害怕或者担心他们会危及政策制定。但无论如何,相对情报而言,决策者掌握着生杀予夺大权,在二者关系中占据绝对权威地位。

三、情报机构须主动作为并获得决策者的理解与信任

美国中央情报局前副局长、情报分析专家约翰·麦克劳伦认为,情报机构为确保对情报用户需求的深刻理解,除了与决策者始终保

---

[1] [美] 谢尔曼·肯特. 为美国世界政策服务的战略情报. 刘微,肖皓元译. 北京:金城出版社,2012. 167

[2] 小谷贤『日本軍のインテリジェンス なぜ情報が活かされないのか(講談社選書メチエ)』、講談社、2007年、213頁

持紧密联系以外，没有其他更好的方式。因为客观形势在不断变化，政策也可能因为某一情报的出现而发生改变。此外，"情报机构与决策者及时沟通还有助于避免决策者提出超出情报能力的要求"[1]。

决策者对待情报的态度并非完全一致。站在决策者的立场，情报分析结果应该支持决策，可现实中的情报并非总是如此。因此，当情报机构提供的情报与决策者的政策取向不一致时，这份情报就会不太受决策者的欢迎。此时，从现实利害关系角度出发，为重要决策提供情报就会带有一定的风险性。中央情报局前局长赫尔姆斯曾经指出："假如中情局局长提供的评估报告与政府政策相违背，他就必然成为不受总统和政府决策人欢迎的人。总统也是人，他不会把命运放在任何个人或组织手中。"[2] 当决策者只是想了解当前所处的国际和国内形势，而不是追求实现既定目标，这时情报辅助决策的效果最好。一旦决策者想采取某种做法，往往会认定那些对于推进其期望的政策没有帮助的情报是假的、错的。

情报并不是决策的充分条件，情报最终价值能否体现，受到决策者本人意志、偏好甚至情绪的影响。情报有用是否、情报价值如何，这是由决策者决定的。在不同的时间、不同的环境和不同的战略目标下，同样内容的情报可能会得到完全不同的对待。它既可以为理性和正确的决策提供支持，也可以用来支持一个非理性和错误的决策。决策者通常在内心已经有了战略目标，对事态发展趋势常常有自己的观点和想法。不到万不得已，决策者不愿意改变自己的目标和判断。决策者容易接受与他们的理念相符的情报而排除与之相抵触的，情报的不确定性也使他们有充分理由来这样做。以美国为例，尽管情报是美国政策制定的依据，是美国战略决策的一部分，情报界对于美国政策制定一定会产生某种影响，但它并不是影响美国政策制定的最关键因素。

情报部门要增强主动意识，在保证情报客观性的条件下尽量拉

---

[1] 北冈元『インテリジェンス入門』、慶應義塾大学出版会、2003年、79頁
[2] 杨勇毅. 中情局与美国外交政策. 美国研究, 1989 (3)

近与决策者的距离。只有及时准确地了解决策者的需要,情报工作者才能有的放矢,及时提供相应情报。想上级之所想,急上级之所急,才能提供高质量的情报产品和符合实际情况的情报报告。对当前国际和外交事务中的热点、疑点问题进行分析时,要力求研究成果具有针对性和可行性。根据决策者的实际需求提供情报产品,基本描述类情报产品要条理分明,动态报告类产品要及时准确,预测评估类产品要既有判断又有对策,切实反映事物的本质和客观规律,以便于决策者运用情报产品进行决策。要抓好决策实施过程中的跟踪调研,一旦发现问题,及时为领导修正决策提供依据和建议。

在决策过程中,决策者本人也会进行情报分析。决策者在做出决策之前,特别是对于一些重大事件,即使情报分析人员已经提供了相应和具体的评估结果,决策者仍然会进行自己的判断。而无论是决策者还是专业情报分析人员,只要进行判断就有可能会判断失误。但是,决策者如果自己承担情报分析者的角色,不仅无助于评估的科学性和准确性,甚至会贻害无穷,这是由情报分析和评估的专业特性决定的。[1] 决策者对于本国政策和其他国家的外交反应了解比较详细,情报分析人员则在背景知识和情报技能方面具有优势,并且能够投入更多的时间和精力。因此,对形势相对可靠的评估应该来自二者的合作。[2]

决策者和情报工作人员必须在各司其职的同时,加强相互理解。消除战场迷雾是情报机构的基本任务,也是情报分析部门和决策者一直共同努力的目标。但情报本身具有的不确定性、对抗性,加上人类有限的认知能力,使情报保障成为一件非常困难和繁重的任务。虽然优化情报组织管理机制、改进情报的生产方法能够提升情报保障的水平,但生产方法和组织结构也都有各自难以消除的缺陷,因而情报机构无法提出完美的情报,而决策者也无法对所有情报妥善

---

[1] 刘强. 战略预警视野下的战略情报工作——边缘理论与历史实践的解析. 北京:时事出版社,2014. 283
[2] 张长军. 美国情报失误研究. 北京:军事科学出版社,2006. 166

利用。尽管情报和决策关系往往不尽如人意，但可以利用各种方法去减小它带来的负面影响。对于情报人员而言，必须更加深刻认识到决策者在制定政策时面对的环境的复杂性以及肩负的沉重压力。

情报工作的本质，是通过提供加工过的信息，提高决策者理解力，减少决策面临的不确定因素，推进决策过程，但对于具体决策结果不表达倾向性意见。保证情报分析过程的独立和完整，避免受到决策者主观意愿的干扰，是决策者从情报机构获得真实、客观情报的仅有保证。历史上，为避免因"左右决策者制定政策"受到惩罚，情报机构提供给斯大林和希特勒这两位最高决策者的情报非常少，基本只有情报素材，没有情报成品。出现这种情况，恰恰说明情报机构须主动作为并获得决策者的理解与信任。

第三节 认识战争决策中情报保障的局限性

情报不为决策者重视，原因既与决策者漠视情报的观念有关，更与情报工作本身的局限性有关。① 克劳塞维茨有言，"情报是指我们对敌人和敌国所了解的全部材料，是我们一切想法和行动的基础。"② 情报对于决策者而言非常重要，但是，对于情报重要性的认识，不能只停留在口头和媒体宣传，了解如何科学地进行情报搜集和分析、如何客观地看待战争决策中情报保障的局限性才是更重要的。③

情报保障本身具有一定的局限性，决策者如何使用情报是一个必须要考虑的因素。历史事实反复证明，再伟大的战略家也可能会对情报不理不睬，因为它们与其预期不相符。在决策者决策前、既定政策推进过程中，情报机构都需要及时提供政策建议、反馈行动

---

① 刘宗和，高金虎主编．第二次世界大战情报史．北京：解放军出版社，2009.375
② [德] 克劳塞维茨．战争论．中国人民解放军军事科学院译．北京：商务印书馆，1978.93
③ 江畑謙介『情報と国家——収集、分析、評価の落とし穴』、講談社、2004年、238頁

效果，决策者可能根据这些建议或评估报告重新制定政策或者改变政策方向。

日本对外战争决策中的情报保障工作可圈可点之处很多。但是，由于受到情报文化和传统工作模式的影响，日本的情报工作呈现出许多局限性，这些局限性一定程度导致了日本的情报失误。而且，无论日本的情报机构在情报搜集方面取得多大成功，在情报与决策之间还是存在一道很难跨越的鸿沟。日本情报工作由于历史习惯原因，出现了重搜集、轻分析的现象。情报机构对既有资料进行加工提炼的能力与经验不足，它既不能透过现象看到本质，也不能预测形势发展趋势，这是日本在太平洋战争时期情报不被决策者重视的原因之一。

一、情报失误不是决策失误的唯一原因

情报的基本职能是优化决策，为决策提供情报基础。日本决定对外发动战争是由多种因素促成的，其国家战略选择是决定性因素之一。在日本决定是否发动战争时，情报只起到一定辅助作用。以太平洋战争为例，尽管初期凭借偷袭行动日本取得了胜利并获得了暂时的军事优势，但从根本上说，日本的决策者在是否与德意结成同盟关系、是否与美国开战、是否"南进"扩大侵略等问题上犯了一系列错误。日本决策失误的主要原因在于其军国主义意识形态、日本民族穷兵黩武的武士道精神和敢于冒险的性格，情报失误并不是日本决策失误的根本原因。情报保障是战争决策的重要依据，但情报并不是决策者决策时依靠的唯一依据。尽管情报与决策的关系十分重要，二者之间也应该建立积极的关系，但从日本战略决策的实践经验来看，其情报工作和战略决策之间还有着相当的距离。情报的不准确、不完整、不及时、过度泛滥和假情报等对决策者常常带来负面影响，这也导致了决策者主观上对情报的疏离。从理论上说，情报与决策二者之间应保持适当的距离，关系过于紧密并不一

定产生好结果。①

良好的情报保障不会必然带来明智的政策选择,但是如果没有高效的情报保障,战略决策不可能体现最佳的国家利益。在军事对抗环境中,一方会尽可能压制或削减另一方的情报活动,想方设法隐藏自己的真实实力和意图,让对方无法认清自己。情报自身的特殊属性决定了其必定充满"迷雾"和不确定性,正确的情报有助于决策者做出正确的决策,但错误的情报则必然导致决策者做出错误的决定。战略决策失误产生的后果和影响不是战役或战术层面的努力就可以挽回的。

日本在侵华战争和太平洋战争中的战略决策失误表明,情报保障工作的好坏对决策的影响确实存在,并将持续影响日本之后进行的战略决策。然而从情报与决策的关系看,情报机构与决策者固有的联系要求其必须深入到政治之中,或者必须深入到需要情报支持的重大决策事项中。情报人员必须了解决策者正在考虑的政策以及实施这些政策可能冒的风险。情报人员同时还应保持冷静,帮助决策者实现决策目标。对于决策者而言,情报机构处于辅助和支援地位,不可能替决策者做出任何决定,尤其是战略决策过程中,情报机构能做的只是服从。决策者必须自己发现愿意采取的做法和能够承担的风险。从这个意义上说,即使日本情报机构在发动侵华和太平洋战争的问题上犯了分析、评估不足等诸多失误,考虑到当时日本情报机构的地位以及对情报的认识程度,不能只由情报机构来承担战略决策失误的责任。

情报是为政策服务的,服务的前提是确保情报具有独立性。情报机构需要独立运作,避免受到政治因素的影响,情报机构与决策者之间适当保持距离十分重要。情报工作的典型过程是搜集事实,经过推理、判断然后提出准确、可靠和有效的结论或预测,以便在

---

① 如美国情报界历史上多次发生的"情报政治化"事件。典型例子包括布什政府为发动伊拉克战争要求情报界编造伊拉克境内有大规模杀伤性武器的虚假情报。

战略决策或制定作战计划中使用。[①] 情报机构要生产正确有价值的情报，除情报机构本身首先要克服先入为主、思维定势[②]等心理外，还需避免根据情报机构的领导的喜好产生倾向性立场，更不能迁就政治现实而影响情报机构独立客观的分析与判断，否则就会出现"情报政治化"现象。一旦出现情报政治化现象，可能使情报机构必须屈从或配合执政者的立场和利益而扭曲或影响正常的情报工作，使情报机构无法提出精确可靠的情报，更遑论支持决策作用的有效发挥了。

大情报观的出现使情报工作的范畴和内涵得到了极大扩充，情报需要关注的范围也从单纯军事领域拓展到了政治、经济、文化、科技等领域。随着影响国家安全的因素越来越多，情报工作甚至延伸到了粮食、资源、环境等领域。因此，情报工作对于国家而言，其承担的任务日益加重，其工作质量的优劣直接与决策的成败挂钩，决策者时刻不能脱离情报的支撑。那么在情报与决策的关系上，是否因此情报就应该不断向决策靠近，甚至等同于决策呢？毋庸置疑答案是否定的。情报工作的优劣确实能对决策的成败带来影响，但决策成功与否的决定性因素并非情报，影响决策的因素很多，情报只是其中之一。因此，不能过于看重情报在决策中的地位与作用而忽略了其他因素。情报工作是有局限性的，如果情报产品总是及时有效准确无误，那么情报与决策的关系就简单很多，因为决策者只需要奉行"拿来主义"，情报机构的建议直接成为决策者的政策，决策者没有犹豫和再思考的必要。但是现实中情报显然无法做到这一点，这也是由情报的不确定性决定的。情报的不确定性是情报和决策二者关系产生问题的原因之一。

[①] [美]罗伯特·M. 克拉克. 情报分析——以目标为中心的方法. 马忠元译. 北京：金城出版社，2013. 15~16

[②] 对情报分析工作容易产生影响从而造成情报分析失败的常见心理有思维定势、先入为主、从众心理、迷信权威、侥幸心理等。

二、情报分析是战略情报保障的关键

对决策者而言，情报产品主要源自情报分析这一阶段。情报分析是指对相关的情报和信息进行分析和加工处理，以形成对解决特定问题有用的情报或新信息的过程和活动。情报分析是情报流程中最为关键的环节之一，在这一环节情报分析人员需要去粗取精，去伪存真，对来源各异、真真假假的情报素材进行深层筛选、加工并使其带有情报价值。情报分析的结果被称为情报产品，因为情报分析人员已经将经过多重渠道搜集到的原始信息予以综合处理，并根据决策者的需求进行了解读。在美国军事情报理论研究中，情报分析的地位、作用及受重视程度都超乎寻常。[1]

在面临险峻国际形势的情况下，决策者尤其需要关于各国能力和意图的战略情报。这些资料分散在各个部门，需要把它们集中起来，辅之以其他补充情报，交由专家分析。托马斯·特罗伊指出："有关战略的情报，不仅要由陆、海军的军官加以分析，还要交给学者、经济学家、心理学家、工程技术人员和财政专家去分析。"[2] 因此，情报搜集不是情报生产的终点，情报分析不可或缺。为满足决策者对情报的需求，情报分析不能停留在情报资料的真伪判断上，情报分析要把握事物的本质。然而，不管情报机构在情报搜集上投入多大力量，不确实性总是存在的，需要情报研究人员通过对情报资料进行客观分析，填补情报空白，消除决策者决策时面临的迷雾。谢尔曼·肯特认为，部分情报可以通过秘密手段获取，但大部分外国高级情报必须通过没有丝毫浪漫色彩的公开观察和研究获得。[3] 他相信，"只要掌握基本信息，通过小心假设和缜密推理，情报分析人

---

[1] 张晓军主编. 美国军事情报理论研究. 北京：军事科学出版社，2007. 322
[2] [美] 托马斯·F. 特罗伊. 历史的回顾——美国中央情报局的由来和发展. 北京：群众出版社，1987. 89~90
[3] [美] 艾布拉姆·N. 舒尔斯基，加里·J. 斯密特. 无声的战争——认识情报世界（第3版）. 罗明安，肖皓元译. 北京：金城出版社，2011. 66

员完全可以构建当前事物的发展轨迹,并对未来进行预测。"[1] 虽然他的观点有夸大情报分析功能之嫌,但恰恰说明了情报分析在情报生产过程中的重要性。从情报失误角度看,情报失误可能发生在情报工作流程中的任何环节,但情报分析失误最为常见。在信息化时代的今天,情报工作面临的最大难题是情报过剩而不是情报不足。依托现代化的技术和手段,情报搜集和情报传递效率日益提升,这给情报分析增大了难度。在涉及战略对手的意图方面,如何能从海量的情报资料中抽丝剥茧般发现最为关键的有用信息,是当前所有国家维护自身安全、建设防卫力量的重中之重。

三、情报谋略必须与政治谋略紧密配合

按照克劳塞维茨的观点,发动大规模军事行动以前的战争部署都是无法保密的。尤其是现代化的信息采集系统和通信技术很可能让安全保密措施失去应有效果。因此,大量主动或者有意设计、制造的各式欺骗、谋略活动对于偷袭行动而言格外重要,其中,施展政治谋略是欺骗敌人、达成偷袭效果非常好用的办法。美国的战略预警专家辛西娅·M. 克莱博指出,政治谋略是实现战略欺骗的重要手段之一,政治谋略可以很好地掩盖己方意图,经济、简单并且只需要很少的几个人参与其中,被窃密的可能性很小。她总结了政治谋略的三种主要表现形式:一是通过外交渠道、官方声明以及媒体释放虚假信息。二是采取和平谈判的策略,为做好进攻准备而延缓时间。三是在外交等公开声明中宣传自己的核心利益没有受到侵犯,与目标国家的关系正在改善,摆出友好姿态从而迷惑对方。

对偷袭珍珠港前,日本实施了大量虚假政治谋略以迷惑美国。为了争取时间进行充分的战争准备并达成战争的突然性,日本加紧进行战争准备的同时,采取了谈判、伪装、欺骗等一系列手段迷惑

---

[1] [美] 谢尔曼·肯特. 为美国世界政策服务的战略情报. 刘微,肖皓元译. 北京:金城出版社,2012.27

美军。为了掩护偷袭的真实目的，日本决定继续日美谈判，等到发动进攻前半小时再向美国递交一份通牒宣布谈判破裂。① 日本任命美国总统罗斯福的私人朋友、海军上将野村吉三郎为驻美大使，同美国就两国在太平洋的利益举行和谈。日本不断通过谈判向美国暗示日本不会对美国发动战争，使美国相信两国关系有战争之外的选择。日本反复向美国表示两国之间存在和平谈判的空间，但谈判没有任何成果，日本只是借谈判拖延时间为发动偷袭做掩护。② 此外，为证明日本和谈带有诚意，1941年7月，日本首相还亲自致电罗斯福，声称两国间所有问题都可以用谈判方式解决，并保证日本绝不侵犯美国在太平洋的利益。11月5日，御前会议决定发动太平洋战争，日本大本营颁布"大海令第一号"的当天，日本又派来栖三郎特使协助野村与美方进行谈判以表达和平诚意。日本突击舰队出发后，日本还发电报给野村，下达"继续谈判"的指示。1941年11月26日，美国国务卿赫尔向野村提出了"赫尔备忘录"，但同一天，日本的机动部队偷偷启航驶向美军的珍珠港海军基地。为了更好地迷惑美军，日本人故意制造了很多让人误解的假象。在日本突击舰队悄无声息地逼近珍珠港、快要完成作战部署的12月2日，日本邮船"龙田丸"打着撤侨的旗号离开横滨港，驶向美国西海岸，《朝日新闻》对此进行了大规模专题报道，目的就是"向外界宣示，在12月中旬日本仍忙于撤侨不会宣战"③。12月5日，日本海军组织了数千人到东京参观游览，让他们参拜明治神宫、靖国神社，参观《朝日新闻》总社以及东京市区，《朝日新闻》对此也作了大张旗鼓的宣传。这些活动"让人感觉日本完全不像大战在即的样子，但这些其实都是日本海军为了掩饰开战意图而有意实施的欺骗"④。日本联合

---

① 实际上美国国务卿赫尔收到日本谈判破裂通牒的时间比日本预定送达的时间晚了40分钟，当时日本特混舰队已经发动攻击，珍珠港陷入一片火海之中。
② 在九个月的时间里，日美双方谈判次数达到了54次之多。
③ [日]实松让.珍珠港事件前的日日夜夜.张焕利等译.北京：新华出版社，1984.314
④ [日]实松让.珍珠港事件前的日日夜夜.张焕利等译.北京：新华出版社，1984.335

舰队开始对珍珠港发动袭击后,野村和来栖还要求会见美国国务卿,把美国一直欺骗到最后一刻。美国之所以会上当,是因为日本在外交谈判过程中的表态符合美国对日本的判断。按照美国的逻辑,日本的战略物资大部分要从美国进口,美国比日本强大很多,开战日本必败,日本一定不敢对美开战。

小结

情报工作对国家的安全稳定与长久发展意义重大。战略情报对于国家判断国际形势、确立战略目标、明确威胁来源、防备突然袭击都发挥着不可替代的作用。战略情报由于其战略属性,属于情报的最高层次,对于战争决策而言不可或缺。为战争决策提供保障的主要是战略情报,战略情报保障效果的优劣程度一定程度决定着战争决策的成败。战争决策本质上是政治决策而非单纯军事决策,因此,战争决策正确与否不仅关系战争胜败,还关系着国家安危和民族兴亡。大战略和大情报观的概念出现后,情报工作的内涵得到极大扩充,战略情报更远非单纯军事意义上的情报。战争决策所需的海量情报部分可以在战争即将爆发前获得,但是有关交战国的政治架构、军事基础、军事战略等则需要平时细致积累。因此,战略情报工作不分平时战时,必须始终连续不间断进行。当前,大国之间发生全面战争的可能性不大,但从突然袭击开始的小规模局部战争或激烈武装冲突发生的可能性确实存在。预测评估类情报,即向决策者对可能出现的危机适时发出警报的情报至关重要,占据战略情报的核心地位。由于情报优势可以转化为情报威慑,甚至能够遏制偷袭发生,因此,预判到对方的行动计划并做好相应准备就可能迫使敌人放弃军事挑衅。在情报与决策二者关系中,决策始终占据主导地位,情报的最终目的是为决策服务,但决策者如何使用情报不受情报机构的约束。情报并非决策者决策时依靠的唯一依据,一旦发生战略决策失误,责任不能只由情报机构承担。为提高情报保障效率，情报与决策之间必须建立密切协作关系并实现良性互动。决策者不仅是情报产品的用户，还是情报工作的评价者和情报工作的启动者，情报工作本身的健康发展和持续进行也需要决策者的大力支持。决策者不能满足于被动接受情报，还应主动向情报机构提出情报需求。情报机构要在保证情报分析过程的独立和完整且未受到决策者主观意愿干扰的情况下，及时主动地向决策者提供所需情报。为提供更好的情报产品，情报机构必须重视情报分析。情报分析是情报流程中最为关键的环节，情报产品的生成主要源自情报分析。在面临重大决策时，虽然决策者本人也会进行情报分析，但由于情报分析和评估的专业性，所以决策者参考情报机构提供的情报之后进行决策的结果往往更加科学。在信息化的今天，现代化技术和手段推动情报搜集和情报传递效率日益提升的同时，也导致情报过剩的问题出现，情报分析的难度大大增加。

结　　语

　　自明治维新以来，日本先是发动了甲午战争和日俄战争，攫取了大量财富，国力大幅提升，确立了在东亚的霸主地位，也更坚定了对外扩张的决心。在这两场战争中，情报工作发挥了巨大作用，成为日本挑战传统大国并且战胜大国的关键因素。之后，日本变本加厉，又策划制造了"九一八"事变和"七七"事变，发动侵华战争，意图灭亡中国。随着中国全面抗战的展开，日本深陷中国战场泥沼不能自拔。日本确立"南进"战略后偷袭珍珠港，发动太平洋战争，妄图以战养战，最终自食恶果，战败投降。日本情报机构虽为其侵略扩张做出了积极努力，但是，畸形的决策机制和战略情报分析能力不足等因素使得战争后期日本情报失误迭出，加速了日本帝国的败亡。

　　一直以来，有关日本情报工作的研究，二战以后的多集中于机构、体制、改革等层面，二战以前的多聚焦于情报活动、情报失误等方面，从保障决策角度出发研究二者关系的比较少。对于日本战败投降以前的情报工作，或是道德批评，因为情报工作往往是侵略者发动战争前的开路先锋，或是指出其工作中存在的种种问题，因为日本在侵华战争和太平洋战争中打了败仗，给人感觉整体评价不算太高，一分为二研究、发现其优点、特点的较少。本书从历史研究的视角，采用史论结合、论从史出的论述方式，以甲午战争、日俄战争、侵华战争和太平洋战争为案例，对"日本近代对外战争决策中的情报保障"这一课题进行了尝试性探讨。首先，结合日本近代以来战争决策中的情报实践，分析了日本对外战争决策中情报保障的主要影响因素，加深了我们对日本战前情报工作、情报保障与战争决策关系的理解。其次，以战争决策过程中的国际战略形势判断、敌我力量大小对比、战略目标设定和战略时机选定等为标准，结合情报失误原因中的决策因素进行分析，评析了日本战争决策中情报保障的成败，即情报在战争决策中发挥的作用与存在的不足。最后，结合日本近代战争决策中情报保障的历史实践和经验教训，尤其是日本决策者在战争决策中敢于冒险的性格，指出了情报工作在战争决策中的局限性，就在未来的实践中如何加强战略情报对战争决策等战略决策的支撑和促进情报事业发展提出了自己的思考。以史为鉴，研究日本对外战争决策中的情报保障问题，可以帮助我们加深对决策与情报关系这一问题的了解，同时发现情报工作的相关规律，吸取经验教训。

　　明治维新后，日本走上强国之路，其发奋图强的精神、锐意改革的意识和虚心求教的态度等都值得我们学习。从情报角度看，日本情报工作独树一帜，其优点我们要学习，其缺点我们要引以为戒。日本情报工作中一些好的方面，如全民情报、积极的情报意识等非常值得借鉴。日本历来注重并擅长情报工作，尤其擅长战役和战术情报，战略情报工作能力相对薄弱。情报分析、实力评估以及战略预测等能力不足与日本岛国环境带来的思想狭隘有关。战后有日本人自嘲称"日本无战略"，可见日本人自己都意识到了这个问题。日本人缺乏宏观、长远考虑问题的意识与能力，这也是为什么日本敢于挑战强权、敢于军事冒险的原因之一。官民结合、全民情报是其情报体制中的一大特点。全民情报使得其情报来源极为广泛、数量极为丰富，还非常经济，节省资源，最重要的让其他国家难以招架，防不胜防。日本人力情报的历史源远流长，曾一度导致重视人力情报忽视技术情报，但如今在技术情报领域日本早已迎头赶上并处于世界领先地位。

　　明治维新后日本对外战争决策中的情报保障虽然存在诸多不足，如技术情报落后、情报分析能力不足和战略情报保障不力等，但是如果站在历史的角度去审视，整体而言日本的情报工作是高效且富

结　语

有特色的。在日本发动对外战争的过程中，日本的情报保障工作具有其自身特点，较好地保障了日本战争决策。情报是日本能够打赢甲午战争和日俄战争的主要原因，缜密、及时的情报确保日本在战争的每个阶段都居于"先知"的地位。日本在侵华战争和太平洋战争中的失败，情报失误只是导致其失败的原因之一，而且并非主要原因。随着日本军国主义的发展，对外侵略扩张成为日本国策，情报成为决策"禁区"，沦为政策工具，情报失去客观性导致情报失误频发，与决策渐行渐远。情报保障有局限性，在这两场战争中情报机构已经尽其所能保障决策，而情报与决策地位的不平等、情报机构互相恶性竞争、情报被决策者忽视和"情报政治化"等问题，不是情报机构本身能够解决的问题，尽管情报机构可以尽力去改善与决策者的关系从而影响决策，但能否实现关系改善全凭位居高位的决策者。

二战结束后，盟军最高司令部宣布解散全部日军，取缔所有的情报机构，日本的军事情报工作因此一度中断。日本的情报机构被裁撤，情报工作受到限制，原本以侵略和扩张为目的的谍报工作更是几近消失。美国调整对日政策后，在美国的扶植下，日本顺利实现重整军备，同时其军事情报工作也逐渐得以恢复。尽管战后日本的行政体制和战前相比有了很大的改变，战略决策的模式也和日本近代对外发动战争时大不相同，但是，情报文化具有历史继承性和国家属性，战前日本情报工作的优良传统，如官民结合、全民情报的情报方法均得以保留下来。日本的情报机构经过战后几十年的发展壮大，使得日本现在已经再次成长为情报大国。依托战后迅速积累起来的科技、人才和经济优势，日本原本落后的无线电信号侦听、雷达、密码破译等技术情报工作发展神速，达到世界领先水平。[1] 20世纪80年代，日本提出成为世界政治大国、军事大国的国家发展目标，为实现这一目标，日本政府把情报工作的重心由经济情报为主

---

[1] 张卫编．日本特工．北京：金城出版社，1998.9

调整为政治、军事和经济情报并重。日本还不断增加情报投入，大力推进情报体制改革，优化各情报部门职能并大力构建海外情报网，希望摆脱对美国的情报依赖。进入21世纪以来，随着国家安全战略的调整，日本情报工作也在不断发展，机构更加完整，体制更加完备，与美国的情报合作机制运行更加顺畅。通过加强与美国等国进行情报分析与共享，日本的情报能力获得大幅提高。但是，在今后相当长时间内，日本情报系统依然很难摆脱美国的控制。

经过了战后半个多世纪的和平发展，日本成长为世界经济大国并开始变得不安分。日本在外交和军事方面正在采取比二战结束以来任何时候都更具进攻性和对抗性的政策。日本对宪法中一些关键条款的司法解释不断放松，在自卫队政策上也不断突破原有限制，如废除原有武器出口禁令，制定更加具有弹性的武器出口规定，允许研发军事侦察卫星，扩大自卫队的海外军事活动范围等。近年来，日本领导人公然参拜靖国神社、否认侵略历史、修改教科书、向海外派遣自卫队、推动修改"和平宪法"、解禁集体自卫权等行为，反映出日本希望摆脱战后体制，成为正常国家，成为政治和军事大国的国家战略目标。当前，日本社会思潮日趋保守，政治日益右倾，加之目前日本经济不振，民众感觉前途迷茫。安倍再次当选首相后，日本的政治右倾化越来越严重。安倍不仅进一步否定日本的侵略历史、修改教科书和《教育基本法》，还明确表示要与中国抗衡，这体现了安倍要开历史倒车、使日本脱离和平发展道路的野心。2013年，安倍晋三在日本防卫大学毕业典礼上对该校毕业生进行训示，说他将"站在国家最前列，坚决守护日本"，显示对"中国和朝鲜的警戒态度"。[①]

日本虽地处亚洲，却轻视甚至鄙视亚洲邻国，视自己为西方国家，竭力讨好曾经向它投放过两颗原子弹的美国。日本是一个信奉

---

① 日本首相官邸网站．《平成25年3月17日 平成24年度 防衛大学校卒業式 内閣総理大臣訓示》，http：//www.kantei.go.jp/jp/96_abe/statement/2013/0317kunji.html，2014年2月25日登录。

强者、崇拜强者、追随强者的国家，习惯性"与强者为伍"，这从隋唐时期以中国为师，日俄战争时与英国结盟，太平洋战争前与德、意结成三国同盟，战后与美国结盟就能看出来。同时，日本又勇于"挑战强权"并带有"赌徒"的性格特征，为了国家不惜牺牲个人性命，极端时刻甚至会赌上国运。日本民族性格中存在根深蒂固的"武士道"精神，相信甚至迷信"精神战力"的作用，其"赌徒"秉性和挑战强权的非理性一面必须引起世人格外注意。近代以来，日本先是挑战清朝政府，得胜；挑战沙俄，得胜；挑战中国陷入困境后，继续挑战美国，大败。从这条脉络中我们能读出日本民族性格中屈服于武力、欺软怕硬的特征。

近代以来，中日关系的发展过程中充满坎坷和荆棘。日本对于中国的了解和认识是历史的、全面的和深刻的，其无时无刻不在密切关注着中国的发展和变化，关注着中国的动向。日本具有搜集中国情报的习惯和传统，即使在实行锁国政策的江户时代，对中国的情报活动也从未间断。历史上中国受自大、高傲等心理因素影响，未将日本这个"蕞尔小国"放在眼里，对其更缺乏足够了解。时至今日，相比日本对中国雄厚的情报积累，中国对日本的研究仍存在很大缺陷。日本过去有侵略成性的不光彩历史，最近解禁集体自卫权、推动修改"和平宪法"等举动反映出其政治保守化、社会右倾化已呈愈演愈烈之势，日本联合美国围堵中国、遏制中国的意图已是昭然若揭。美国重返亚太以来，日美两国加强了同盟关系，中国和其他邻国之间长期搁置的领土争议和历史问题等纷纷浮出水面，中国感到前所未有的压力。随着中国经济不断发展，国家利益日益拓展，但维护国家利益的手段与实力明显不足。中国的经济发展和民族复兴需要一个和平稳定的周边环境，尽管中日之间爆发大规模战争的可能性不大，但在两国的争议地区，如钓鱼岛和东海油气田附近海域，双方武装人员发生对峙和摩擦的可能性确实存在。从国家性格来看，日本是一个"强于术、弱于道"的国家，敢于通过极端手段来解决矛盾和问题。然而，采取极端手段的结果往往不可预测，可能成功使对手屈服，也可能把自己推向灭亡的深渊。对于这个既是亚洲近邻同时也是地区竞争对手的国家，我们既要增强对其理性客观的了解以避免政策盲目，又要对其"正常国家化""入常"等行为的动机有清醒的认识，避免战略误判。确保日本对中国不会有军事冒险之举，保持中日两国之间的长久和平和互利共赢，是中国对日政策制定的关键所在。

凡国之重也，必待兵之胜也。中国奉行积极防御的军事战略，自改革开放以来，始终秉承和平外交原则，不争霸不扛旗，一心一意发展经济，国内甚至一度产生忘战、殆战等和平积弊。希望本课题研究能够引起大家对情报工作以及对现实中国周边安全形势的关注，避免陷于不切实际的和平主义思潮，增强忧患意识，打牢"忘战必危""能战方能言和"的思想根基。在和平崛起、实现中华民族伟大复兴的历史进程中，我们要适应世界新军事革命发展趋势，着力维护领土主权，有效应对来自强国的安全威胁，直面现实存在的战争危险。《司马法》有言：国虽大，好战必亡；忘战必危。当今世界并不太平，民族和宗教问题导致地区纷争不断，国家之间军备竞赛日趋激烈，"9·11"恐怖袭击事件发生后全球恐怖主义有愈演愈烈之势。随着中国的发展壮大，"中国威胁论"甚嚣尘上，各种"遏制中国""围堵中国"的言论不绝于耳，走在复兴路上的中华民族面临种种挑战。在意识形态、地缘政治、领土主权等因素的交互作用下，中国面临严峻的周边安全形势。当前，大国和国家集团之间发生战争的可能性很小，"既要充分估计国际矛盾和斗争的尖锐性，更要看到和平与发展的时代主题不会改变"[1]。中华人民共和国成立以来的和平外交政策和一贯坚持的和平解决国际争端的主张得到了周边国家和国际社会的一致好评。然而，现实世界充满残酷，过分地渲染和平会造成其他国家对中国的轻视与长远利益上的重大损失，容易让与中国存在领土争议和历史纠葛的相关国家和地区产

---

[1] 参见2014年11月28日至29日，中共中央总书记、国家主席、中央军委主席习近平在北京召开的中央外事工作会议上发表的重要讲话。

结　语

生误判。鉴于中国以经济建设为中心的国策，它们怀疑中国是否真的会以武力方式维护主权和领土完整，甚至敢挑衅中国的核心利益。[①] 和平与发展的时代主题并不等同于和平与发展问题的真正解决，今天仍然有很多挑战国际和平、威胁国际安全的因素存在。在制定国家战略时，需要把握和平与发展大势，抓住国际环境变化的特征，不能停留在对和平的一般议论上，避免滋生不切实际的和平主义思潮。

当今世界整体和平，局部动荡，没有哪个国家敢放言自己绝对安全，绝对不会卷入战争。中国不会主动挑起战争，但从未远离战争威胁，更坚决不能忘记战争的危险。如果没有强大的国防，我们将面临外敌入侵、权益被侵害甚至丧失领土和主权的危险。只有拥有强大国防，拥有遏制战争、打赢战争的能力，我们才能维持宝贵的和平局面，才能确保国家安全。中国应该努力成为爱因斯坦所倡导的"战斗的和平主义者"，信仰和平理念又有自卫反击能力。"想要和平就要准备战争"，古罗马学者韦格提乌斯的这句名言到今天依然令人感到振聋发聩。情报不仅能够保障决策，而且已经成为国防和军队战斗力的重要组成部分，甚至可以遏制战争。情报保障工作是军事斗争准备的核心要义之一，要实现军事斗争准备往前赶的目标，切实提升情报尤其是战略情报的保障水平是必要条件。面对复杂多变的国际形势、层出不穷的传统与非传统安全问题，几乎所有国家、军队的领导者对情报机构提出的情报需求，无论是深度上还是广度上都急剧扩展。

---

① 如在台湾问题上，由于中国在国际事务中不断强调和平主义，出现暴力冲突等问题时总是呼吁当事方通过和平谈判和友好协商等手段解决争议问题，导致岛内的"台独"分子对大陆"不放弃使用武力"的说法持相当怀疑态度。

参考文献

一、外文文献

（一）日文专著、论文

1. 太田文雄『「情報」と国家戦略』、芙蓉書房、2005 年
2. 太田文雄『インテリジェンスと国際情勢分析』、芙蓉書房出版、2008 年
3. 太田文雄『日本人は戦略・情報に疎いのか』、芙蓉書房、2008 年
4. 海上知明『環境戦略のすすめ』、NTT 出版、2006 年
5. 黒井文太郎『日本の情報機関』、講談社、2007 年
6. 麻生幾『情報、官邸に達せず』、新潮社、2001 年
7. 岩島久夫『奇襲の研究——情報と戦略のメカニズム』、PHP 研究所、1984 年
8. 加藤陽子『満州事変から日中戦争へ——シリーズ日本近現代史（5）』、岩波書店、2007 年
9. 春原剛『誕生国産スパイ衛星』、日本経済新聞社、2005 年
10. 高山信武『参謀本部作戦課』、芙蓉書房、1985 年
11. 大森義夫『日本のインテリジェンス機関』、文藝春秋、2005 年
12. 日下公人『日本軍の教訓』、PHP 研究所、2005 年
13. 岡崎久彦『日本外交の情報戦略』、PHP 研究所、2003 年
14. 会田雄次『日本人の意識構造』、講談社、1972 年。
15. 谷光太郎『情報敗戦』、ピアソンエデュケーション、

1999 年

16. 北岡元『インテリジェンスの歴史』、慶應義塾大学出版会、2006 年

17. 小谷賢『日本軍のインテリジェンス』、講談社、2007 年

18. 小谷賢『インテリジェンス——国家、組織は情報をいかに扱うべきか』、筑摩書房、2012 年

19. 小谷賢・落合浩太郎・金子将史『世界のインテリジェンス——21 世紀の情報戦争を読む』、PHP 研究所、2007 年

20. 松村劭『意思決定のための作戦情報理論』、日本経済新聞社、2006 年

21. 原四郎『大戦略なき開戦』、原書房、1987 年

22. 杉田一次『情報なき戦争指導』、原書房、1987 年

23. 島田俊彦『関東軍』、講談社、2005 年

25. 井上孝司『現代ミリタリー・インテリジェンス入門——軍事情報の集め方、読み方、使い方』、ダイヤモンド社、2012 年

26. 堀栄三『大本営参謀の情報戦記』、文藝春秋、1996 年

27. 吉田昭彦『海軍における作戦情報処理の変遷』、防衛研究所、1981 年

28. 湯浅博『歴史に消えた参謀、吉田茂の軍事顧問：辰巳栄一』、文藝春秋、2013 年

29. 西浦進『昭和戦争史の証言、日本陸軍終焉の真実』、日本経済新聞出版社、2013 年

30. 有賀傳『日本陸海軍の情報機構とその活動』、近代文藝社、1994 年

31. 横手慎二『日露戦争史——20 世紀最初の大国間戦争』、中央公論新社、2005 年

32. 猪木正道『軍国日本の興亡——日清戦争から日中戦争へ』、中央公論社、1995 年

33. 江畑謙介『情報と国家——収集、分析、評価の落とし

穴』、講談社、2004 年

34. 岡崎久彦『戦略的思考とは何か』、中公新書、1983 年
35. 岡崎久彦『岡崎久彦の情報戦略のすべて』、PHP 研究所、2002 年
36. 有馬哲夫『大本営参謀は戦後何と戦ったのか』、新潮社、2010 年
37. 畠山清行『秘録陸軍中野学校』、新潮文庫、2003 年
38. 畠山清行『陸軍中野学校秘史』、新潮社、2004 年
39. 岩下哲典『江戸時代の海外情報ネットワーク』、吉川弘文館、2006 年
40. 松村劭『意思決定のための作戦情報理論』、日本経済新聞社、2006 年
41. 臼井勝美『満州事変——戦争と外交と』、中央公論新社、1974 年
42. 半藤一利・松本健一・戸高一成『徹底検証日清、日露戦争』、文藝春秋、2011 年
43. 西原征夫『全記録ハルビン特務機関——関東軍情報部の軌跡』、毎日新聞社、1980 年
44. 小林英夫『満鉄調査部の軌跡 1907－1945』、藤原書店、2006 年
45. 坂村健『21 世紀日本の情報戦略』、岩波書店、2002 年。
46. 古森義久『KGBが日本を狙う——情報戦略なき国家』、PHP 研究所、1984 年
47. 長谷川慶太郎『情報戦に勝つ技術』、幻冬社株式会社、2002 年
48. 椎野八束編集『別札歴史読本、戦記シリーズ：太平洋戦争情報戦』、新人物往来社、1998 年
49. 三好誠『太平洋戦争の真因と敗因』、国書刊行会、1999 年。
50. 実松譲『国際謀略——世界を動かす情報戦争』、講談社、

1966 年

51. 浜田和幸『ネットウォーズ——世界情報戦争の読み方』、PHP 研究所、2000 年

52. 北岡伸一『日本陸軍と大陸政策』、東京大学出版会、1978 年

53. 大江志乃夫『日露戦争の軍事史的研究』、岩波書店、1976 年

54. 戸部良一『日本陸軍と中国』、講談社、1999 年

55. 落合浩太郎『インテリジェンスなき国家は滅ぶ——世界の情報コミュニテイ』、亜紀書房、2011 年

56. 北岡俊明・戦史研究会『日本人の戦略的失敗』、PHP 研究所、2008 年

57. 小林良樹『インテリジェンスの基礎理論』、立花書房、2014 年

58. 森山優『日本はなぜ開戦に踏み切ったか——「両論併記」と「非決定」』、新潮社、2012 年

59. 藤井非三四『日本軍の敗因——「勝てない軍隊」の組織論』、学研パブリッシング、2012 年

60. 松村劭『オペレーショナル・インテリジェンス——意思決定のための作戦情報理論』、日本経済新聞社、2006 年。

61. 杉田一次『情報なき戦争指導——大本営情報参謀の回想』、原書房、1987 年

62. 野中郁次郎『失敗の本質 戦場のリーダーシップ篇』、ダイヤモンド社、2012 年

63. 黒川雄三『近代日本の軍事戦略概史』、芙蓉書房、2003 年。

64. 河野洋平「日本外交の進むべき進路」、『外交フォーラム』、1995 年 1 月

65. 小谷賢「戦略決定におけるインテリジェンスの役割」、『年報戦略研究』第三号、2005 年

66. 中谷川怜「日露戦争と戦場の情報戦」、『軍事史学』66号、錦正社、2006年

67. 高橋久志「日本陸軍と対中情報」、軍事史学会編『第二次世界大戦』、錦正社、1990年

68. 黒羽清隆『十五年戦争史序説』、三省堂、1984年

（二）英文专著、论文

1. Bruce D. Berkowitz, Allan E. Goodman. Strategic Intelligence for American National Security, Princeton: Princeton University Press, 1989.

2. Eric Morris. Intelligence, Uncertainty and the Art of War from Strategic Thought in the Nuclear Age (ed), London, 1979.

3. Gazit Shlomo. Intelligence Estimate and the Decision – Maker, London: Frank Cass and Company Limited, 1991.

4. Glenn P. Hastedt. Controlling Intelligence, London: Frank Cass, 1991.

5. Harry Howe Ransom. Central Intelligence and National Security, Cambridge: Harvard University Press, 1958.

6. James H. Hansen. Japanese Intelligece: the Competitive Edge. Washingtong D. C.: NIBC Press, 1996.

7. J. W. Bennett, W. A. Hobart, J. B. Spitzer. Intelligence and Cryptanalytic Activities of the Japanese During World War Ⅱ, Laguna Hills: Aegean Park Press, 1986.

8. Keegan John. Intelligenc In War, London: Hutchinson, 2003.

9. Kent Kotani. Japanese Intelligence in World War Ⅱ, Westminster: Osprey publishing, 2009.

10. Ladislas Farago. The Broken Seal. The Story of Operation Magic and the Pearl Harbor Disaster, New York: Random House, 1967.

11. Michael I. Handle. Intelligence and Military Operations. London: Frank Cass, 1990.

12. Michael I. Handle. War, Strategy and Intelligence. London : Frank Cass and Company Limited, 1989.

13. Michael I. Handle. Masters of War, London: Frank Cass, 2001.

14. Thomas Cleary. Understanding the Culture of Strategy, Boston: Shambhala Publications, Inc. , 1991.

15. Richard K. Betts. Surprise Attack: Lessons for Defense Planning, Washingtong D. C. : The Brookings Institution, 1982.

16. Richelson Jeffrey. A Century of Spies: Intelligence in the Twentieth Century, New York: Oxford University Press, 1995.

17. Roger Hilsman. Strategic Intelligence and National Decisions, Glencoe: The Free Press, 1956.

18. Stephen C. Mercado. The Shadow Warriors of Nakano: A History of the Imperial Japanese Army's Elite Intelligence School, Virginia Brassey's Inc. , 2002.

19. Tony Matthews, Shadows Dancing. Japanese Espionage Against the West 1939 – 1945, London: Robert Hale, 1993.

20. United States Congress Joint Committee on the Investigation of the Pearl Harbor Attack, Pearl Harbor Attack, Hearings, 79th Congress, Washington D. C. : Government Printing Office, 1946.

21. Walter Laqueur. The Uses and Limits of Intelligence, New Brunswick: Transaction Publishers, 1993.

22. Wirtz James J. Johnson, Loch K. eds. Strategic Intelligence: Windows into a Secret World, Los Angeles: Roxbury Publishing Company, 2004.

23. Wohlstetter Roberta. Pearl Harbor: Warning and Decision, California: Stanford University Press, 1962.

24. Zalmay M. Khalilzad, John P. White. The Changing Role of Information in Warfare, Washington D. C. : RAND, 1999.

25. Turner S. Intelligence for a New World Order, Foreign Affairs

Vol. 70, No. 4, 1994.

二、中文文献

（一）中文译著

1. ［日］实松让．情报战．王云辅，杨坚，张林译．南京：江苏人民出版社，1981
2. ［日］森松俊夫．日军大本营．黄金鹏译．北京：军事科学出版社，1985
3. ［日］井上清．日本历史．闫伯纬译．西安：陕西人民出版社，2011
4. ［日］实松让．珍珠港事件前的日日夜夜．张焕利，黄凤珍译．北京：新华出版社，1984
5. ［日］渊田美津雄，奥宫正武．中途岛海战．许秋明译．北京：商务印书馆，1979
6. ［日］东亚同文会编．对华回忆录．胡锡年译．北京：商务印书馆，1959
7. ［日］畠山清行．陆军中野学校．刘春兰译．北京：群众出版社，1984
8. ［日］服部卓四郎．大东亚战争全史：第一册．张玉祥等译．北京：商务印书馆，1984
9. ［日］堀场一雄．日本对华战争指导史．王培岚等译．北京：军事科学出版社，1988
10. ［日］日本读卖新闻战争责任检证委员会撰稿．检证战争责任：从九一八事变到太平洋战争．郑钧等译．北京：新华出版社，2007
11. ［日］新渡户稻造．武士道．周燕宏译．上海：上海三联书店，2007
12. ［日］薄井由．东亚同文书院大旅行研究．上海：上海书店出版社，2001

13. 〔日〕秋定鹤造. 东条英机——东条生平和日本陆军兴亡秘史. 田桓，刘敬文，辛罗林，李廷江译. 北京：商务印书馆，1987

14. 〔日〕纐纈厚. 近代日本军政关系研究——日本发动侵华战争的历史根源. 顾令仪，申荷丽等译. 北京：社会科学文献出版社，2012

15. 〔日〕小原雅博. 日本走向何方. 〔日〕加藤嘉一译. 北京：中信出版社，2009

16. 〔美〕理查·罗素. 磨砺战略情报. 石文慧译. 北京：中国现代国际关系研究院出版，1998

17. 〔美〕艾布拉姆·N. 舒尔斯基，加里·J. 斯密特. 无声的战争——认识情报世界（第3版）. 罗明安，肖皓元译. 北京：金城出版社，2011

18. 〔美〕谢尔曼·肯特. 为美国世界政策服务的战略情报. 刘微，肖皓元译. 北京：金城出版社，2012

19. 〔美〕鲁思·本尼迪克特. 菊与刀. 吕万和，熊达云，王智新译. 北京：商务印书馆，1990

20. 〔美〕戴维·卡恩. 破译者. 艺群译. 北京：群众出版社，1982

21. 〔美〕戈登·普兰奇，唐纳德·戈尔茨坦，凯瑟琳·狄龙. 中途岛奇迹. 王喜六等译. 上海：上海译文出版社，1991

22. 〔美〕赫伯特·比克斯. 真相——昭和天皇与侵华战争. 王丽萍，孙盛萍译. 北京：新华出版社，2004

23. 〔美〕威廉森·默里，麦格雷戈·诺克斯，阿尔文·伯恩斯坦编著. 缔造战略：统治者、国家与战争. 时殷弘等译. 北京：世界知识出版社，2004

24. 〔美〕丹尼斯·德鲁，唐纳德·斯诺. 国家安全战略的制定. 王辉青等译. 北京：军事科学出版社，1991

25. 〔美〕彼得·帕雷特主编，现代战略的缔造者：从马基雅维利到核时代. 时殷弘等译. 北京：世界知识出版社，2006

26. [美] 约翰·托兰. 日本帝国的衰亡：上册. 郭伟强译. 北京：新华出版社，1982

27. [苏] 鲍·亚·罗曼诺夫. 日俄战争外交史纲. 上海人民出版社编译室译. 上海：上海人民出版社，1976

28. [英] 理查德·迪肯. 日谍秘史. 姜文灏，赵之援译. 北京：世界知识出版社，1984

29. [英] 约翰·科斯特洛. 太平洋战争 1941–1945：上册. 王伟，夏海涛译. 北京：东方出版社，1985

30. [英] 温斯顿·丘吉尔. 第二次世界大战回忆录：第四卷. 北京编译社译. 北京：商务印书馆，1975

31. [英] 李德·哈特. 第二次世界大战战史. 钮先钟译. 上海：上海人民出版社，2002

32. [德] 克劳塞维茨. 战争论：第一卷. 军事科学院译. 北京：商务印书馆，1978

33. [德] 鲁登道夫. 总体战. 戴耀先译. 北京：解放军出版社，2005

34. [法] 让·比埃尔·阿莱姆. 古今谍海秘闻. 陆福忱译：北京：新华出版社，1992

（二）中文著作

1. 丁名楠等. 帝国主义侵华史：第一卷. 北京：人民出版社，1973

2. 段廷志主编. 日本将走向何方——关于日本及中日若干问题的战略思考. 北京：军事科学出版社，2010.

3. 高金虎. 美国战略情报与决策体制研究. 西安：陕西师范大学出版社，2004

4. 高金虎. 迷雾深处的情报王国. 北京：东方出版社，2007.

5. 关捷主编. 日本侵华政策与机构. 北京：社会科学文献出版社，2006

6. 过毅，高鹏编著. 20 世纪重大战略决策选择. 北京：军事科

学出版社，2004

7. 胡平．情报日本．南昌：二十一世纪出版社，2011

8. 逄复主编．侵华日军间谍特务活动纪实．北京：北京出版社，1993

9. 雷国山．日本侵华决策史研究 1937－1945．上海：学林出版社，2006

10. 李广民．与强者为伍——日本结盟外交比较研究．北京：人民出版社，2006

11. 梁陶．日本情报组织揭秘．北京：时事出版社，2012

12. 刘强．战略预警视野下的战略情报工作——边缘理论与历史实践的解析．北京：时事出版社，2104

13. 刘宗和，高金虎主编．第二次世界大战情报史．北京：解放军出版社，2009

14. 刘宗和，高金虎主编．外国情报体制研究．北京：军事科学出版社，2003

15. 刘志超，关捷编．争夺与国难——甲辰日俄战争．沈阳：辽海出版社，1999

16. 陆伟．日本对外决策的政治学——昭和前期决策机制与过程的考察．北京：人民出版社，2010

17. 吕万和．简明日本近代史．天津：天津人民出版社，1984

18. 梅桑榆．日本浪人祸华录．北京：中共党史出版社，2005

19. 米庆余．近代日本的东亚战略和政策．北京：人民出版社，2007

20. 钮先钟．战略研究．桂林：广西师范大学出版社，2003

21. 彭光谦，姚有志主编．军事战略学教程．北京：军事科学出版社，2001

22. 戚其章．甲午日谍秘史．天津：天津古籍出版社，2004

23. 戚其章．甲午战争史．上海：上海人民出版社，2005

24. 齐世荣，钱乘旦，张宏毅主编．15 世纪以来世界九强兴衰

史．北京：人民出版社，2009

25. 萨苏．国破山河在——从日本史料揭秘中国抗战．济南：山东画报出版社，2012

26. 世界历史编辑部编．明治维新的再探讨．北京：中国社会科学出版社，1981

27. 孙建民，汪明敏，杨传英编著．情报战战例选析．北京：国防大学出版社，2010

28. 孙仁宗．日本：速兴骤亡的帝国．西安：三秦出版社，2005

29. 孙儒凌主编．战略指挥研究．北京：国防大学出版社，2009

30. 汤重南，王加丰等．强国之鉴．北京：人民出版社，2007

31. 汤重南，王淼，强国，韩文娟主编．日本帝国的兴亡．北京：世界知识出版社，2005．

32. 万峰．日本近代史．北京：中国社会科学出版社，1981

33. 王晓菊编著．何谓历史学．北京：中央编译出版社，2010

34. 王新生．日本简史．北京：北京大学出版社，2005

35. 王仲涛，汤重南．日本史．北京：人民出版社，2008

36. 魏大庆，罗克祥等编著．诡狐——日本特工行动档案．石家庄：河北人民出版社，1998

37. 吴明冰．特种战线：百年来国际无线电信号侦察和信号保密的斗争历程及经验教训．北京：金城出版社，1996。

38. 吴廷璆主编．日本史．天津：南开大学出版社，1994

39. 夏阳．谍中谍：世界百年特工战争．北京：中国人民公安大学出版社，1998

40. 解学诗．隔世遗思——评满铁调查部．北京：人民出版社，2003

41. 熊沛彪．日本外交史研究．北京：商务印书馆，2011

42. 徐国平．战略决策新论．北京：国防大学出版社，2011

43. 许华．甲午海祭．广州：广东人民出版社，1996

44. 薛国安．孙子兵法与战争论比较研究．北京：军事科学出版

社，2003

45. 颜春联编著. 无线谍报. 北京：金城出版社，1995

46. 杨善群主编. 孙子兵法鉴赏词典. 上海：上海辞书出版社，2012

47. 翟晓敏，杨寿青编著. 军事情报分析与预测. 北京：国防大学出版社，2000

48. 张殿清. 特殊的较量：情报与反情报. 北京：世界知识出版社，1997

49. 张长军. 美国情报失误研究. 北京：军事科学出版社，2006.

50. 张晓军主编. 军事情报学. 北京：军事科学出版社，2001

51. 张晓军主编. 美国军事情报理论研究. 北京：军事科学出版社，2007

52. 浙江大学日本研究所编著. 日本历史. 北京：高等教育出版社，2003

53. 郑刚，黄佳懿主编. 秘密档案：二十世纪政治秘闻、战争机密、间谍密档、秘密机构、恐怖组织. 北京：金城出版社，1999

54. 赵海军. 孙子学通论. 北京：国防大学出版社，2000

55. 赵丕，李效东主编. 大国崛起与国家安全战略选择. 北京：军事科学出版社，2008

56. 赵振愚. 太平洋战争海战史 1941－1945. 北京：海潮出版社，1997

57. 中国大百科全书军事情报分册. 北京：中国大百科全书出版社，2007

58. 中国社会科学院近代史研究所编. 中国抗战与世界反法西斯战争：纪念中国人民抗日战争暨世界反法西斯战争胜利60周年学术研讨会文集：上卷. 北京：社会科学文献出版社，2009

59. 宗泽亚. 清日战争 1894－1895. 北京：世界图书出版社，2012

后　记

　　对于中国而言，日本是地理上近在咫尺、心理上充满隔阂的近邻国家，日本问题研究十分重要，但是中国对日本远谈不上了解。历史上日本曾向中国俯首称臣，虚心向中国学习，也曾残暴跋扈，意欲鲸吞中国。如今中日关系复杂敏感，两国既相互依存，又相互竞争。从情报研究的角度看，对日本近代对外战争决策中的情报保障问题的研究成果尚不多见。在美国战略重心重返亚太、日本政治和社会日益保守、中日关系陷入低谷甚至在局部地区可能爆发激烈冲突的大背景下，对日本战争决策与情报保障相关问题进行深入研究很有必要。同时，战争决策中的情报保障问题也是涉及国家安全与发展的重要问题。时至今日，中外学者对情报与决策关系的争论依然激烈，不少发展动态和最新研究成果需要密切关注。鉴于此，笔者力争在综合国内外研究成果的基础上，既注重情报研究的理论高度，又突出做好日本问题研究的实践意义，既回溯历史，总结经验教训，又立足现实需要，站在客观角度深度分析日本战略决策中的情报保障特点，希望能够深化情报理论研究并提出因应中日争端和改善两国关系的新途径。以史为鉴可以知兴替，笔者不图以如椽巨笔写宏篇大作，但求客观、真实地展现日本决策者对于情报、对于战争的真实态度，以增进我们对日本的了解。

　　在本课题研究过程中，笔者形成的关于日本战争决策中的情报保障、理想的情报与决策关系、如何提升情报工作效率等问题的认识、感念与触动也囿于自身表达能力与逻辑思维能力的不足而不能完美展现于纸上，感到十分自责。一方面，本课题既涉及情报与决策关系的情报理论研究，又涉及四场重大战争中日本的情报保障实

后　记

践，如何将理论升华与历史阐述二者紧密结合又不显得杂乱无章，对笔者而言是极大挑战。另一方面，记载中日甲午战争、日俄战争、侵华战争和太平洋战争的史书、文献资料汗牛充栋，但存在良莠不齐和鱼龙混杂的情况，对历史事件的记载、评论和表述等因受到作者的国籍、动机、立场、认知、情感等各方面的限制会有相当的主观性，对同一事件同一问题不同的专家学者甚至会产生截然相反的观点，在引用某些史料或学者观点时如果不加辨别和思考，很容易被误导得出错误结论。对史料逐一抽丝剥茧，去伪存真、去粗取精，找出客观事实并提炼出正确观点，对笔者而言更是具有相当难度。笔者才疏学浅，文中难免出现差错疏漏，观点也不无值得商榷之处，因此，敬请广大专家、学者和同仁批评指正。

在行将成书之际，忆过往，感慨良多。拙作出炉，离不开身边亲人、恩师、益友的大力支持与理解，离不开时事出版社编辑的大力协助，在此一并致谢！

张光新

2018 年 6 月于洛阳